数字营销

数据智能时代的品牌增长新引擎

袁国宝 / 著

U0313962

化学工业出版社

·北京·

内 容 简 介

本书在现代营销理论框架的基础上，全面阐述数字营销的原理架构与实战技巧，系统介绍了数字技术在市场营销各环节的应用与实践，力图让读者对数字营销体系有一个清晰的认识。本书包括数字营销、5G×AI营销、大数据营销、VR营销、内容营销、场景营销、碎片化营销7部分，深度揭示了智能科技时代的消费趋势与营销变革，详细剖析了企业品牌系统的落地策略与实战路径，冀望于为企业营销数字化转型升级提供行之有效的解决方案。

本书可供从事市场营销工作、运营与管理工作、大数据市场分析工作、移动互联网数据分析工作的读者学习阅读，也可作为普通高等院校市场营销、国际贸易、企业管理、移动互联网数据管理和应用、大数据分析等专业的教材或参考书目。

图书在版编目（CIP）数据

数字营销：数据智能时代的品牌增长新引擎 / 袁国宝著 . —北京：化学工业出版社，2023.2
ISBN 978-7-122-42542-3

Ⅰ.①数… Ⅱ.①袁… Ⅲ.①网络营销 Ⅳ.① F713.365.2

中国版本图书馆 CIP 数据核字（2022）第 215477 号

责任编辑：夏明慧
责任校对：宋　玮　　　　　　　　　　装帧设计：卓义云天

出版发行：化学工业出版社（北京市东城区青年湖南街 13 号　邮政编码 100011）
印　　装：大厂聚鑫印刷有限责任公司
710mm×1000mm　1/16　印张 15　字数 208 千字　2023 年 4 月北京第 1 版第 1 次印刷

购书咨询：010-64518888　　　　　　售后服务：010-64518899
网　　址：http://www.cip.com.cn
凡购买本书，如有缺损质量问题，本社销售中心负责调换。

定　　价：69.00 元

前言

5G 的快速发展与规模化商用对各行各业产生了巨大影响，营销行业也不例外。事实上，移动互联网对营销的影响贯穿了整个发展过程。从 1G 到 5G，移动互联网影响下的营销可以划分为三个发展阶段。

● 营销 1.0 阶段，主要受 1G、2G 网络的影响。在这个阶段，企业的营销活动以产品为中心，企业专注于打磨、生产高质量的产品，不断进行产品创新，用产品征服消费者，获得消费者的青睐。

● 营销 2.0 阶段，主要受 3G、4G 网络的影响。在这个时代，产品种类与数量日渐丰富，产品同质化现象愈发严重，同时消费者获取信息的渠道、购买商品的渠道越来越多，导致市场竞争愈演愈烈。在此形势下，一些企业转变营销思路，从以产品为中心转向以顾客为中心，提出"顾客是上帝"的口号，开始致力于客户运营，为客户提供优质服务。

● 营销3.0阶段，也就是5G网络影响下的营销时代。在这个阶段，快速发展的移动互联网将人们带入一个信息大爆炸时代，环绕在用户周围的信息量越来越多，用户的注意力越来越分散。为了吸引用户注意，品牌开始关注自身定位，打造差异化的品牌形象，营销理念从以顾客为中心转变为占领用户心智。在这个阶段，数字营销表现出巨大的想象空间。

数字营销指的是借助互联网、移动通信技术、数字交互式媒体实现营销目标的一种营销方式，可以借助短信、邮件、网络平台、电话等数字化媒体渠道开展精准营销，并支持营销人员对营销效果进行量化评估。数字营销的发展与移动互联网的发展密不可分，在5G网络的支持下，数字营销将呈现出一些新特点、新变化。

第一，在营销内容的呈现方式方面，借助不断发展的5G技术，VR（Virtual Reality，虚拟现实）/AR（Augmented Reality，增强现实）营销内容将实现大爆发。在传统的VR/AR营销模式下，虽然企业可以生产VR/AR内容，但用户观看这些内容时必须佩戴一些专门的设备，例如VR/AR眼镜或头盔等，门槛较高。再加上，VR/AR内容的呈现需要借助强大的数据传输通道，尤其是3D内容。如果数据传输速度比较慢，画面渲染效果就会受到影响，导致观看者产生眩晕感。

数据传输速率高、时延短的5G给VR/AR内容的呈现方式带来了巨大的改变。例如，华为提出"云上的VR"和"云上的AR"，就是以5G网络为依托，将VR/AR画面渲染放到云端完成，舍弃笨重的智能设备，彻底消除用户观看VR/AR画面时的眩晕感，带给用户更极致的观看体验。如果这一设想能够成为现实，VR/AR一定会重新吸引营销人员的关注，与之相关的营销内容将实现大爆发。

第二，在互动方式方面，在5G网络的支持下，品牌与用户的互动将突破传统的视觉交互、语音交互方式，实现触觉交互，并催生触觉互联网。例如，消费者在线上购买衣服时，虽然可以借助VR/AR技术"试穿"衣服，但无法真实地感受到衣服的面料与材质。而触觉互联网就可以解决这一问题，让消费者真实地感受到面料的质感，或柔软，或顺滑，或硬挺，解决电子商务最核心的痛点。在触觉互联网的支持下，电子商务、品牌营销或许会进入一个全新的发展阶段。

第三，基于大数据的精准营销。在 5G 网络环境下，将有两类数据实现爆发式增长：一是物联网产生的数据；二是用户产生的数据。

关于第一类数据，5G 的广连接特性将使更多设备接入网络，形成一个规模更加庞大的物联网，这些设备在运行过程中会产生一些数据，虽然这些数据无法被人理解，却可以在某种程度上影响人的购物决策。例如智能冰箱会自动清点冰箱内的物品，在某种物品缺失时会提醒用户购买，并给出购买建议，甚至是购买链接，这就为品牌营销提供了一个新思路。

第二类数据比较常见，而且已经被用于品牌营销。用户在互联网中的一切行为都可以被记录，例如搜索某件商品、浏览某条新闻、观看某种类型的短视频等。相应的企业或平台会利用大数据、人工智能等技术搜集这些数据并进行分析，根据数据分析结果判断用户需求与偏好，从而有针对性地向其推送商品或内容，引导其消费。目前，淘宝、京东、抖音、今日头条、快手等平台已经实现了这种应用，可以根据用户喜好开展精准营销，提高转化率。

未来，在 5G 的支持下，企业或品牌或许可以实现更高水平的精准营销。例如，用户在超市选购商品时，超市的摄像头可以捕捉用户所在的商品区域，并对用户拿放商品的行为以及用户视线在商品上停留的时长进行分析，发现用户感兴趣的商品，并通过智能手机向用户推荐同类商品，或者发放优惠券，引导其购买。

总而言之，在 5G 网络环境下，企业可以利用 VR、AR、物联网、大数据等技术不断拓展营销边界，尝试各种新型的营销方式，不断降低营销成本，提高转化率。

《数字营销：数据智能时代的品牌增长新引擎》一书以数字经济时代的营销变革为背景，结合企业在数字营销领域的新实践、新案例，对 5G、AI、大数据、VR、AR 等新一代信息技术赋能下的智慧营销、精准营销、自动化营销、沉浸式交互、VR 营销、精准用户画像、场景营销、碎片化营销等进行全面、深入的探究，总结出一系列实用的方法与模型，可以为正在尝试或者希望尝试数字营销的企业与品牌提供一定的指导。本书结构完整、内容丰富，案例翔实且语言通俗易懂，实用性较强，不仅适合企业管理者、营销人员、创业者、实体商家阅读，还适合营销行业的研究者、高校相关专业的师生翻阅。

著者

目录

第二部分　5G×AI营销

第三部分　大数据营销

第四部分　VR营销

第五部分　内容营销

第七部分　碎片化营销

第一部分
数字营销

第 1 章
营销变革：数字经济重塑营销新范式

"数据＋技术" 驱动的营销变革

随着互联网、大数据、云计算等新一代信息技术快速发展，数字经济强势崛起，成为驱动产业与社会数字化转型的重要动力。企业的数字化转型往往会从数字营销切入，借助大数据、人工智能等新一代信息技术，改变营销架构与营销模式，革新营销技术。同时，数字营销的发展也会推动技术发展、产品迭代。近几年，数字营销市场的规模不断扩大，数字营销已然成为数字经济的新风口。

营销技术与商业模式的创新，必然驱动营销模式的变革。而营销模式的每一次变革都会对营销市场造成一定的冲击，颠覆市场原本的行业生态与企业布局，催生新架构、新服务以及新的行业领导者。因此，在数据和技术作为主要驱动力的营销变革中，谁能率先抓住数字营销这个新风口，谁就有望成为新的行业引领者。

1. 数字营销：智能时代的主流营销模式

数字营销指的是借助技术与数据对传统营销进行智能化改革，构建一个数字化营销平台，帮助企业直接触及消费者，与消费者开展精准互动和直接交易。从本质上看，数字营销的内涵包括四点，如图 1-1 所示。

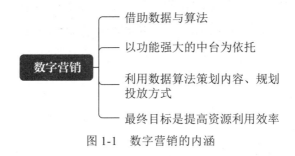

图 1-1　数字营销的内涵

● 数字营销借助数据与算法，通过对营销资源进行挖掘利用，对数据进行实时跟踪，而改变传统的粗放型营销模式，进而提高营销的精准化程度。

● 数字营销是以功能强大的中台为依托，能够极大拓宽营销渠道。

● 数字营销利用数据算法策划内容、规划投放方式，改变传统的依靠经验决策的方式，推行智能决策。

● 数字营销的最终目标是提高资源利用效率，并降低推广费用。

可以说，数字营销通过面向消费者需求创新消费体验，最终实现面向客户体验的触点创新。数字营销强调利用新技术以及互联网业务逻辑分析能力，赋予营销组合新的内涵，因此也将成为数字经济时代营销行业的主流发展趋势。

2. 数字技术驱动的营销变革

数字技术的不断更新迭代，对营销领域的驱动作用主要体现在三个方面，如图 1-2 所示。

（1）"互联网 +"重构数字营销链条

进入数字经济时代以来，消费渠道越来越多，消费的场景化特质愈加凸显，产品与服务之间的界限也越来越模糊，呈现出一体化发展趋势。

为了适应这种变化，企业开始借助互联网思维重构营销链条，将客户价值放在中心地位，将研发、营销、销售、服务等环节串联在一起，从不同视角与层面剖析消费者的需求，对其消费行为进行全生命周期管理，对各项业务进行数字化改造，打造一个营销闭环，力求最终增加获客数量，并提高客户价值。

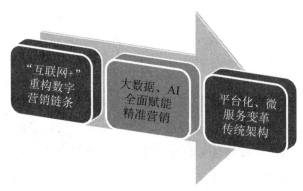

图 1-2　数字技术对营销的驱动作用

企业创建数字营销链条要分四步进行，具体如表 1-1 所示。

表 1-1　企业创建数字营销链条的四大步骤

步骤	具体内容
第一步	打通所有销售渠道，包括 B2B、C2C、O2O，创建一个统一的平台汇聚客户信息、商品信息、交易信息以及合同信息
第二步	对数据进行多场景分析，对用户进行全生命周期管理，面向客户开发有针对性的运营策略
第三步	基于用户消费行为分析判断用户的消费习惯，开展精准的营销活动
第四步	利用数据分析与运营结果为新产品研发、业务运营、营销决策等提供支持

（2）大数据、AI 全面赋能精准营销

数据在数字营销中发挥着至关重要的作用。面对瞬息万变的市场，传统的单一渠道失去了原有的优势。企业想要在竞争激烈的市场上赢得一席之地，必须打通全渠道客户，打破数据孤岛，利用数据开展个性化营销、推出差异化服务。

借助大数据、人工智能等技术，企业可以精准定位消费者，结合自身

积累的历史数据和行业沉淀的数据，计算出边际递减效应的最佳临界点，从而更快、更精准地触及消费者，用更原生化的方式对广告与内容进行整合。

由此可见，企业想要开展数字营销，必须重视大数据技术的价值，利用大数据技术收集用户信息、构建用户画像，辅之以推荐算法创建一个消费者全触点场景，扩宽触及消费者的渠道，精准触及目标消费群体。此外，企业还可以利用大数据技术监测营销成果，根据监测成果实时调整营销方案，保证营销效果。

（3）平台化、微服务变革传统架构

随着营销活动进入以消费者为中心的时代，企业的数字化应用开始发生深刻变革。在传统的营销体系中，业务与数据分属于两个不同的系统，彼此之间无法共享信息。一旦业务发生变更，产生新的应用需求，这种体系架构就变得无力支撑。而以消费者为中心的应用系统性能较差，为了满足海量数据的并发需求，必须创建分布式、平台化的架构。

分布式架构具有灵活性、可扩展的特点，可以承载海量用户，必须向着"云"化的方向发展。为了满足业务迭代需求，阿里巴巴、腾讯等头部互联网企业开始推行"中台"战略，打造"数据中台"与"业务中台"，前者支持数据整合与交换，后者支持业务交互与共享。中台会对流经的业务与数据进行处理，提取共性需求对其进行抽象化处理，通过解耦和组件化的方式创建一个分布式系统，通过微服务的方式对各项业务进行交互处理，保证各项业务随着场景发展而迭代，打造个性化的服务，带给用户全新的体验。

数字营销：数字化转型的突破口

目前乃至未来很长一段时间，数字经济都是我国的重点发展战略之一。在数字经济、智慧经济快速发展的背景下，上至政府、下至企业都将主动迎合这种趋势，开启数字化、智慧化转型战略。而政府与企业的数字化转型必然会对新技术、新架构、新模式产生巨大需求。

企业的数字化转型往往会选择以数字营销为突破口，打通企业的内外数据，消除各部门的信息孤岛现象，重构营销与运营流程，优化资源配置，为经营决策、市场营销提供新动能、新方式。

数字化转型是人类社会进入互联网时代后，企业面临的一项长期变革。由社交媒体、人工智能、物联网、移动设备和大数据等技术引发的数字化浪潮，带来了一场深刻的社会变革，极大地改变了人们的生活和工作方式。作为社会重要组成部分的企业，也在这一发展背景下被裹挟着向数字化迈进。数字化转型是围绕数据而进行的企业经营流程的转变，覆盖了企业外部顾客、内部员工以及供应链的各个环节，目标是塑造新的体验，提升企业的整体竞争力。

数字化的变革面向所有企业，包括大企业与中小企业。对于大企业而言，所有的流程都必须进行数字化转型；对于中小企业而言，数字化能够给营销获客、客户管理、产品研发、库存管理等环节带来巨大的机会，并提供实用的工具。同时，数字化不仅关系到 to C（面向消费者）企业，也关系到 to B（面向企业用户）企业。

● to C 企业在数字化转型中可以借助数字化的用户运营手段，提升运营效率和消费者体验。例如企业可以通过打造会员体系、CRM（Customer Relationship Management，客户关系管理）系统等提升运营效率，通过个性化推荐 / 管理等提升消费者体验，进而提升获客能力。

● to B 企业在整个经营活动中需要进行大量的客户管理。基于客户的营销（Account-Based Marketing，ABM）是通过对获取的顾客进行分类，再进行个性化和敏捷式沟通的管理模式，所以 to B 企业也需要进行数字化转型。

从数字化的条件、环境及成效来看，营销数字化转型是企业数字化转型过程中最容易切入，也是最能够快速获得积极反馈的入口。无论是面对的客户、使用的渠道和工具，还是依赖的数据技术，营销数字化都更具优势，这种优势主要表现在四个方面，如表1-2所示。

表1-2 营销数字化的四大优势

优势	具体内容
消费者数字化	目前，中国企业面对着全球最庞大的数字社会。根据中国互联网络信息中心发布的第49次《中国互联网络发展状况统计报告》，截至2021年12月，我国网民规模达10.32亿，较2020年12月增长4296万，互联网普及率达73%，且以青少年和中年为主
营销渠道数字化	消费者通过数字化终端，使用数字化媒介沟通、购物、支付、看视频、接收咨询和表达自我，营销的内容和媒介均已实现数字化、在线化
数据更易获取	营销前链路的广告投放、私域运营等环节产生的数据，是企业与消费者接触的一手数据，这些都能通过测量来采集，数据维度多，质量高、量级大，可以实时反馈，还能和后端电商平台的转化数据打通，快速构建可测量、可优化的数字化闭环
见效更快，强化信心	目前，大多数企业面临着巨大的增长压力，对投入比较慎重，对投资回报的要求也更高。相比其他职能部门，距离消费者最近的营销端最容易形成数字化闭环，同时也最容易出成效，能够提振企业数字化的信心

对于自带数字化基因的新兴品牌而言，营销数字化助力品牌崛起已经得到验证；对于不具备数字化基因的成熟品牌而言，营销数字化是企业数字化转型的最佳切入口。企业在营销数字化方面的能力可以更容易地拓展到其他的数字化领域，为企业累积人才，构筑数字化能力，建立数字化思维。

在移动互联网快速发展的背景下，新型消费方式快速崛起，这种消费对线上渠道与线下渠道进行融合，实现了消费全流程的数字化。为了满足消费者多元化、个性化的需求，一方面，企业要利用交互平台对用户习性、市场特征以及用户的特定需求进行准确定位，借助O2O服务体系实现与用户的零距离接触，直接为用户提供服务，推动消费实现个性化、精准化升级；另一方面，企业需要借助云计算、大数据、移动互联网、人工智能等技术，打造多元化、个性化的产品结构与服务结构，满足消费者的需求。

在推进数字营销的过程中，企业会不断拓展获取用户信息的渠道与途径，创造全新的消费体验与消费服务，激发消费者的消费潜力，从而创造出更广阔的市场空间。

顶层设计：数字营销的战略目标

企业在数字化转型的过程中，需要逐渐摒弃传统的管理方式，变革组织结构，提高组织结构的敏锐度，并在人才吸引、人才激励、人才发展、领导力等方面做出重大变革。在对营销进行数字化改革的过程中，企业将迎来新的发展机遇，创造更高的业务价值。

企业的营销数字化转型想要成功，必须明确转型目标，做好顶层设计，推动业务、数据与技术紧密融合。具体来看，企业营销数字化要实现以下三大目标，如图1-3所示。

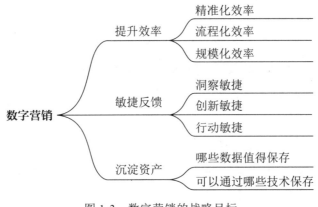

图1-3　数字营销的战略目标

1. 提升效率

在企业的成本结构中，营销费用的占比仅次于生产制造成本。而从产出来看，营销的产出具有很大的不确定性。目前，营销传播ROI（Return on Investment，投资回报率）难提升已经成为绝大多数广告主面临的一大难题，解决这一难题的关键就是营销数字化改革。原因在于，营销数字化可以有效提高营销效率，包括精准化效率、流程化效率和规模化效率。在品牌发展的不同阶段，这三种效率发挥着不同的作用。

（1）精准化效率

营销数字化可以帮助广告主重构人、货、场的关系，提高供需匹配的精准度，在合适的时间向合适的受众推送合适的内容，实现精准化营销。

（2）流程化效率

随着企业不断发展，营销活动的流程越来越复杂，一线营销人员向上级领导反馈市场情况的效率极低。在这种情况下，企业亟须提高流程化效率，实时了解市场情况。具体来看，随着营销数字化不断推进，企业流程化效率的提升主要表现在以下几个方面，如表1-3所示。

表1-3　企业流程化效率提升的三大方面

三大方面	具体内容
流程数字化	对邮件沟通、线下审批等工作进行数字化改造
流程优化	在对整个营销流程进行数字化改造之后，企业可以对各个营销节点的效率进行量化评估，及时发现效率较低的节点，并对其进行优化
流程自动化	数字化的终极目标就是实现人机协同，所以在数字营销推进的过程中，整个营销流程将实现自动化

（3）规模化效率

规模化效率指的是企业集中购买流量，降低流量成本，对流量进行系统化分配，提高流量利用效率，然后对不同的产品进行组合营销，切实提高多产品线的销售效率。

2. 敏捷反馈

敏捷反馈指的是洞察敏捷、创新敏捷和行动敏捷，具体如表1-4所示。

表 1-4　敏捷反馈的三大表现

表现	具体内容
洞察敏捷	数字营销可以提高数据流转的速度与效率，帮助企业更敏捷地感知市场变化
创新敏捷	在数字营销模式下，企业可以借助 A/B 测试❶、数据回转等数字化手段制定决策，切实提高产品研发速度与效率
行动敏捷	数字营销可以提高企业内部信息流转速度与效率，提高企业决策的透明度，进而提高企业整体的反应速度与行动速度

营销数字化改变的不只是营销这一个环节，还会影响到生产、物流、渠道以及前端市场等环节，提高生产效率与物流效率，帮助生产部门与渠道对客户需求做出更快、更精准的预测。如果是新兴企业与品牌，数字营销还可以帮助其提高产品创新速度与效率，加快渠道拓展速度。

3. 沉淀资产

企业在推进数字营销的过程中会沉淀大量数据，这些数据将成为企业的宝贵资产。因为在数字营销时代，企业掌握的数据越多，掌握的产品信息与市场信息就越多，创新能力越强，触及用户的渠道就越多，触及成本也就越低。

因此企业在推行数字营销的过程中必须明确两个问题：一是哪些数据值得保存；二是这些数据可以通过哪些技术保存，实现反复利用。尤其是现阶段，越来越多的消费企业开始向科技企业转型。在转型过程中，消费企业要将有价值的销售数据、生产数据保存下来，将其转化为可以反复利用的企业资产。

---

❶ A/B 测试：一种比较单一变量的两个版本的方法，通常通过测试受试者对变量 A 和变量 B 的反应，确定两个变量中哪一个更有效。

品效合一：数字营销的运营体系

数字营销倡导实现品效合一，其中"品"指的是品牌效应，"效"指的是实际销售效果。具体来看，品效合一指的就是企业在做好品牌宣传、扩大品牌知名度的同时，要尽量争取更多客户，提高销售业绩。为了实现品效合一、提升品牌的长期价值和转化效果，企业需要探寻各种各样的方案。下面我们从数字营销的运营角度对企业实现品效合一的路径进行探究，如图 1-4 所示。

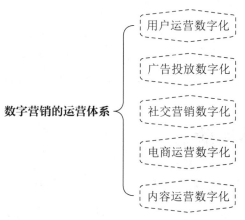

图 1-4　数字营销的运营体系

1. 用户运营数字化

不断变革的数字技术有效拓展了数据来源渠道，也使渠道平台变得碎片化。再加上消费者需求愈发个性化，使得品牌、平台与消费者之间的关系不断被重构。在传统的营销环境中，企业只要触及用户就能实现增长，但在目前的营销环境中，企业不仅要触及用户，还要增加与用户的互动，了解用户的个性化需求，进而满足其需求，才能实现增长。在这种情况下，越来越多的企业认识到连接用户的重要性，并在连接用户、与用户沟通方面投入了大量资源与精力。

但在数字化环境中，用户触点呈现出碎片化的特点，分散在不同的App、小程序、社交网站、电商平台、线下实体等领域。企业想要广泛地触及用户，必须打破渠道壁垒，采集和分析各个渠道的数据，坚持以用户为核心，实现全渠道增长。

另外，在消费者需求还没有特别个性化的年代，企业只要研发生产标准化的产品与服务就能满足用户需求，人力成本、采购成本以及服务成本都比较低。但随着产品与服务越来越多、用户选择面越来越广，标准化的产品与服务已经无法满足用户的个性化需求。为了充分挖掘用户价值，企业不得不推出个性化的产品与服务。

企业在对用户进行数字化运营的过程中，可以获得大量客户数据，可以通过这些数据了解客户需求，进而提升自己的个性化服务能力，最终形成"个性化用户运营→沉淀用户数据→优化个性化用户运营"的良性循环。

2. 广告投放数字化

在企业可以使用的各种营销手段中，广告投放是最有可能实现规模化增长的手段之一。在传统媒体时代，投放广告是企业非常重要的营销手段。在企业的营销投入中，广告费用的占比往往最高。进入数字化时代，广告的数字化自然而然地成为企业数字化营销的一项基础能力。对于企业来说，广告投放的数字化可以为其带来三大好处，具体如表 1-5 所示。

表 1-5　广告投放数字化的三大好处

好处	具体内容
增强效果	数字化的广告投放可以提高广告投放的回报率，帮助企业在同等的营销投入中获得更好的投放效果
提升效率	数字化的广告投放可以简化广告投放流程，节约时间成本与人力成本
累积资产	通过广告数字化，企业可以在投放广告的过程中沉淀广告数据，将其转化为企业的生产资源与重要资产

简单来说，广告数字化就是在线完成广告投放，用智能决策代替人工

决策，找到最佳的广告投放渠道，实现广告投放效果最大化。具体来看，广告数字化要实现两大目标：一是对广告投放流程进行数字化改造；二是打造智能化的广告投放决策流程。

目前，受相关技术与算法的限制，广告投放数字化尚未成熟，在智能化排期、打破渠道壁垒、全域智能预算分配、规模化精准推送等方面还有很大的发展空间。

3. 社交营销数字化

社交营销强调立足于用户体验，通过与用户进行深度互动，搭建与用户的深度沟通渠道。具体来看，社交营销的作用主要表现在三个方面，如表1-6所示。

表1-6 社交营销的三大作用

作用	具体表现
管理用户体验	企业通过社交营销可以建立与用户直接沟通的渠道，更便捷地向用户传递品牌理念、企业文化、品牌价值观、产品特色等内容，还可以直接获得用户反馈，统一管理用户体验
获取用户洞察	在新媒体时代，每个人都可以在社交平台发声，尤其是年轻用户更愿意在社交平台发表产品的使用体验，对产品、品牌的意见等。企业通过合理地使用社交工具，可以快速获取用户信息，包括目标用户的特征、产品偏好、内容偏好、消费预期等，为产品研发与营销活动策略提供有效支持
促进销售增长	相较于传统的广告，社交营销的覆盖范围更广、传播速度更快、口碑传播的可信度更高。企业通过社交营销往往可以以较少的投入获得较高的增长

4. 电商运营数字化

从消费者的角度看，电商平台早已不是一个单纯的购物平台，还是一个可以丰富认知、需要理性决策的场所。因此，企业在电商领域的布局必须做到"广"与"深"。其中，"广"指的是企业要布局多个电商平台，兼顾淘宝、京东等头部电商平台以及其他社交电商、内容电商等新兴的电商模式；"深"指的是企业要充分利用平台能力，与消费者建立直接联系，深入挖掘消费者的需求，开展个性化推荐与精准化营销，以带给消费者极致的消费体验。

企业在广泛布局电商平台的过程中，一定要打通各电商平台的会员账号，积累消费者的数字资产，将电商打造成直接触及消费者的重要渠道和绘制消费者画像的重要数据来源。此外，企业可以利用消费者购买频次、购买偏好等数据优化库存，做好供应链管理，创建一个配套的消费者数字资产体系。

5. 内容运营数字化

相较于传统营销来说，数字化营销的方式要丰富很多，包括广告投放、社交营销、电商运营和用户运营。在这些营销方式中，内容贯穿始终，在不同的营销环境中呈现出不同的形式，如表 1-7 所示。

表 1-7　不同营销环境中的内容呈现形式

营销环境	内容呈现形式
品牌类广告环境	品牌分发的视频贴片广告、静态广告、展示类广告等
效果类广告环境	品牌分发的促销广告和信息流广告等
达人营销环境	品牌请达人制作的相关素材，例如帖子、短视频、种草文章等

同一内容在不同的营销渠道和环境中呈现的形式不同。随着渠道分发效率不断提高，企业可以通过购买获得更多分发渠道。在这种情况下，内容就成为影响消费者决策的关键要素。企业想要提升营销效率，就必须做好内容管理，提高内容质量，做好内容运营。

内容运营数字化就是要在众多内容中寻找对消费者具有较强吸引力与影响力、能够实现大范围传播并引发二次传播的内容，通过对消费者进行深度剖析发现热门内容，在此基础上生产出更具影响力、更能实现广泛传播、更易转化的内容，从而保证营销效果。

第 2 章
数据智能：技术驱动的品牌营销增长

精细运营：搭建 AARRR 增长模型

随着互联网快速发展，智能手机实现普及应用，消费者接收信息的渠道开始从线下向线上转移，接收信息的方式也发生了巨大改变，手机端、PC 端的流量快速增长。为了适应这种发展趋势，企业探索开发出一系列新业态、新模式。尤其进入 5G 时代之后，随着 5G 实现大规模商用，越来越多的企业开始利用人工智能、大数据、AR、VR、AI（Artificial Intelligence，人工智能）等新技术创新营销模式，引发新一轮的营销变革。

在这个过程中，企业能否顺利实现数字化转型关键取决于能否有效运用智能化的营销工具，在用户注意力稀缺、流量红利逐渐消失的时代沉淀一批高忠诚度的用户，拓展营销边界，以具备数据能力和营销闭环能力的平台为依托，直接触及用户，对用户进行深度分析与洞察，做好营销效果分析，扩大信息传播范围，带给用户更极致的消费体验。

在互联网存量时代，随着流量红利逐渐消失，流量价格越来越高，企业必须摒弃传统的营销方式，不能再通过购买流量的方式快速建立品牌认知、实现业务增长，而是要树立"以用户为中心"的发展理念，通过对用户进行精细化运营来降低转化成本。于是，用户运营就成为整个营销行业关注的重点。

AARRR 是 Acquisition（获取用户）、Activation（提高活跃度）、Retention（提高留存率）、Revenue（获取收入）、Refer（自传播）的缩写，分别对应用户生命周期的五个重要环节，即引流、拉新、转化、活跃、留存，如图 2-1 所示。

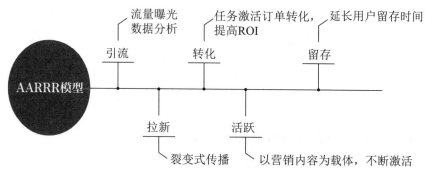

图 2-1　基于用户全生命周期的 AARRR 模型

在用户全生命周期的不同阶段，AARRR 模型为其匹配了不同的运营方法，具体分析如下。

（1）引流

广义上的引流就是吸引流量，狭义上的引流指的是让用户首次接触产品。引流的方式有很多，包括好友分享、搜索引擎发现、点击网页广告发现等。

（2）拉新

拉新就是获取新用户，方法也有很多，但成本相对较高。目前，在各种拉新方法中，裂变传播是一种非常有效的方法，可以以较低的成本为企业带来更多自然流量和高黏性的用户。

（3）转化

企业获取新用户之后，下一步就是引导新用户完成指定动作，例如填写表单、下载软件、发表内容、上传照片、使用产品等，通过这个环节将新用户逐步转化为长期活跃的忠诚用户。

（4）活跃

企业需要根据产品功能来设计提高用户活跃度的方案。如果是内容型产品，就要专注于内容，突出内容的时效性、趣味性、猎奇性；如果是商品，就要结合热点与目标消费群体的喜好设计营销活动；如果是工具型产品，就要寻找其他活跃点，提高用户的使用频率。

（5）留存

企业想要维持产品价值，延长产品的生命周期，必须提高用户留存。企业提高用户留存的方法有很多，例如签到、发放会员卡、推行会员积分制度等。另外，也可以将用户分为普通用户、活跃用户、核心用户等不同的用户类型，并有针对性地进行运营。

在用户运营的过程中，企业要把握用户全生命周期的各个阶段，充分挖掘用户价值，具体来看就是：在获取新用户阶段，企业要了解用户的实际需求，有针对性地为其推送内容；在意向购买阶段，企业要提前设定行为触发节点，只要系统识别到用户做出特定动作，就自动向用户发放优惠券、推荐产品等，促成交易。

除此之外，企业还要积极引进新的技术手段，充分利用数字化营销平台，创新与用户的沟通方式与营销场景，增进与用户的情感联结，对用户标签进行统一管理，沉淀更多私域流量，带给潜在客户更极致的消费体验，增强用户对企业的忠诚度。

用户画像：深刻洞察用户的需求

在数字化营销环境下，企业与消费者的关系发生了一定的改变，企业不再是消费活动的主导者，消费者的消费行为也逐渐打破了市场的固有认知，开启了个性化消费时代。在标准化消费时代，市场可以说是一群人的集合；但在个性化消费时代，每个消费者都有可能代表一个细分的市场。

企业无法再用简单的统计学方法来划定自己的目标消费群体，也无法再用传统的广告投放实现对目标消费群体的广泛触及。为了保证营销效果，营销人员必须深刻洞察消费者的需求、对消费者进行归类，从而绘制出更为精准的消费者画像，为每一位消费者添加标签，为开展精准营销做好准备。

营销人员可以借助用户数据平台，打通公众号、小程序、第三方电商平台、企业自建的客户管理系统等，对同一客户在不同平台上的数据进行统一管理，沉淀更多客户数据，并通过对这些数据的分析加深对客户的了解。同时，营销人员可以收集不同渠道的用户消费行为、消费偏好等数据，细化用户标签，进一步刻画用户画像。

具体来看，绘制一幅精准、全面、完善的用户画像需要三个基本步骤，如图 2-2 所示。

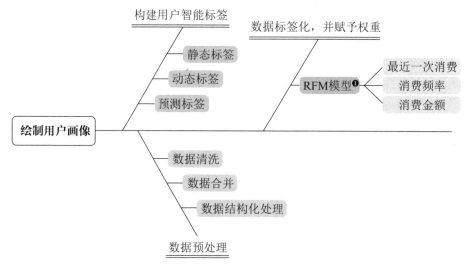

图 2-2　绘制用户画像的基本步骤

1. 构建用户智能标签

营销人员绘制用户画像首先要明确用户标签，对用户在各个平台产生的行为数据进行分析，从中提炼出能够体现用户特征的关键词，形成可以为营销活动策划与开展提供有效支持的可视化信息。这里所说的用户行为

---

❶　RFM 模型：RFM 模型是衡量客户价值和客户创造利益能力的重要工具和手段。

指的是用户在平台活动期间，在什么时间、什么场景下做出了什么行为。具体来看，用户标签可以分为以下三大类：

- 静态标签：可以判断用户的基础需求；
- 动态标签：可以提升用户体验；
- 预测标签：可以提高用户转化率，提高产品价值。

营销人员可以利用大数据算法，对各个平台沉淀下来的用户行为数据进行分析，并与业务数据相结合，构建用户的智能标签。然后，利用各种模型实现用户标签的自助式创建、维护与管理，让用户画像更精准、更"写实"。

2. 数据预处理

数据预处理的步骤包括数据清洗、数据合并、数据结构化处理等。其中数据清洗的主要任务是去除无效数据、虚拟数据以及非目标数据，留下有价值的数据；数据合并与数据结构化处理就是结合具体的业务与应用场景，创建用户画像的雏形。

3. 数据标签化，并赋予权重

数据标签化就是将得到的用户信息映射到对应的标签上，为每个标签赋予一定的权重，并计算出相应的权重值，根据权重值创建用户画像标签体系。在用户关系分析方面，RFM 模型是一个经常使用的模型，可以对客户价值以及客户创利能力做出科学评判。

RFM 模型主要通过三个指标来描述客户价值，这三个指标分别是最近一次消费（Recency）、消费频率（Frequency）、消费金额（Monetary），根据这三个指标把客户分成了八种类型，如表 2-1 所示。

表 2-1　RFM 模型中的八种客户类型

客户类型	具体表现
重要价值客户	最近消费时间近、消费频次和消费金额都很高
重要保持客户	最近消费时间较远，消费金额和频次都很高
重要发展客户	最近消费时间近，消费频次不高，但消费金额高
重要挽留客户	最近消费时间较远、消费频次不高，但消费金额高
一般价值客户	最近消费时间近，频率高但消费金额低
一般保持客户	最近消费时间较远，消费频次高，但金额不高
一般发展客户	最近消费时间较近，消费金额、频次都不高
一般挽留客户	最近消费时间较远，消费频次和消费金额都不高

RFM 模型可以对客户进行动态描述，为个性化营销提供科学指导。营销人员可以根据客户类型有针对性地设计营销方案。例如对重要挽留客户进行召回，对重要价值客户与重要发展客户开展交叉销售等。

精准触达：实现全链路营销闭环

随着营销周期不断缩短，在注重品效合一的市场环境下，越来越多的企业将目光投向了"链路营销"。企业要从消费者接触的第一个广告触点开始，对形成购买转化的整个链条施加影响。借助全链条营销，企业可以对消费者的整个生命周期进行洞察，构建营销战略、数据战略以及数字化转型战略，打造全链路的营销闭环，具体措施如下。

1. 基于大数据技术的数据中台

企业全链路营销能力的创建离不开数据的支持。因此，企业要创建数据中台，对内部的营销数据与各个运营体系的数据进行集成处理，不仅要做好数据隔离，还要保证数据安全，在此基础上提高响应速度与效率。

在传统的营销模式下，一家企业内只有为数不多的几个部门可以掌握数据，而且各个部门之间的数据相对独立，无法流通共享，存在严重的"数据孤岛"现象，不支持企业进行全链路管理。引入数据中台之后，企业可以通过数据中台沉淀各类数据，对数据进行集中处理，让数据成为企业各部门共享的资产。

在基于大数据技术的数据中台的支持下，企业的数字化营销能力将大幅提升。例如，运营人员可以借助数据中台对用户属性、用户行为、用户订单、设备属性等条件进行整合，生成自动化策略，面向目标用户开展精准营销，提高转化效果。不仅如此，数据中台还可以规范数据管理，提高数据对各个应用场景的响应速度与效率，解决数据应用连接问题，为基于消费者行为路径的消费者沟通、运营与管理等提供指导。

2. 多场景触达，打造营销闭环

面对一件产品，消费者首先会产生购买意愿，然后做出购买决策，再完成购买行为。为了促使消费者完成购买行为，营销人员必须盘活营销资源，并覆盖目标用户决策的全过程，打造多场景全链路营销闭环。

为了解决这一问题，企业要积极引入 AI、大数据等先进技术对营销方法进行改革，借助 AI 强大的数据分析能力，采用面向不同场景的定制化沟通策略，以消费者为中心，对 App、微信公众号、小程序、短信、Web、H5 等多渠道资源进行整合，向更多营销场景渗透，实现全场景触达。

例如，营销人员可以尝试向用户推送一个活动链接，观察用户是否点击链接、打开推送。如果用户没有点击链接，可以在两天后再推送一次。如果经过两次推送，用户都没有点击链接，营销人员就可以尝试通过其他渠道触及用户，例如短信、微信等。如果用户通过微信进入了活动，营销人员就可以为其添加一个标签——对微信的敏感度较高，将其归入"微信习惯用户"一组，下一次开展营销活动时就可以率先选择微信渠道触及这类用户。

如果营销人员通过所有渠道向用户推送活动消息，都没有收到用户的回应，可以为用户添加"流失用户"的标签，将其推送到"登录促活"的自动化策略中，尝试召回用户。也就是说，营销人员可以通过自动化策略，基于多终端的不同场景、时点、行为习惯、内容偏好等对用户进行精准匹配，增进对用户的了解，全面提升用户体验，推动营销策略与品牌决策不断优化。

持续优化：提升营销 ROI[1] 转化率

数字营销策略可以不断优化。具体来看，一名用户从接触品牌到成为品牌的忠实用户需要经过六个转化环节，分别是感知品牌、对品牌产生兴趣、试用、成为近期用户、成为定期用户、成为忠实用户。

在用户的转化过程中，营销人员不仅可以通过个性化营销策略吸引用户，还可以采用自动化营销策略对营销数据进行监测分析，对营销策略进行调整，最大限度地满足用户需求，提高用户黏性，稳定与用户的关系，降低用户流失率。

1. 优化推广渠道和内容

在互联网环境中，企业的推广渠道越来越多。发现潜在用户之后，企业必须在众多渠道中选出最合适的一条触及用户，与用户建立联系、保持沟通，并向用户推送其感兴趣的内容，而这在一定程度上加剧了渠道协同的复杂程度。

为此，企业需要对各个渠道进行数字化整合。例如，营销人员可以借助以 SaaS、PaaS 等模式提供大数据服务的平台，对 App、微信公众号、小

---

[1]　ROI 即投资回报率，英文为 Return on Investment，一般指企业从一项投资活动中得到的经济回报。

程序、短信、手机 H5 等渠道的数据进行整合与监测，找到用户感兴趣的内容的共性，发现流量较多的渠道，了解各个渠道的投资回报率，实现渠道优化。

需要注意的是，全渠道数字化还有助于营销人员判断不同渠道在各个营销场景中的触达效果，为营销策略调整提供支持与辅助。只要企业通过采取实时互动策略获得了成功，就可以在一定时间段内不断重复这个过程，保证订单转化效果。

2. 线索评分

面对规模庞大的目标客户群体以及潜在目标客户群体，品牌需要识别高价值客户群体进行重点培养。为了准确发现高价值客户群体，企业需要预设不同互动触发对应分值。客户的互动率越高，说明其对产品与品牌的兴趣越高，获得的分值也越高，反之则低。最终，营销人员可以根据得分情况对客户进行分类，有针对性地开展营销推送活动，充分挖掘销售线索。

线索评分是一个可以用来确定销售线索质量的模型，营销人员可以根据线索评分结果判断哪些是高质量的线索，哪些是无价值的线索，并根据每条线索的价值对潜在用户进行排名，发现有价值的潜在客户进行长期培养。

不过，企业建立线索评分模型并非易事，而且在实际的业务场景中需要让模型发挥出应有的效用。例如，企业借助大数据驱动的自动化营销系统，可以对用户的不同行为进行打分，发现促使用户做出消费决策的关键节点，抓住这个节点进行销售跟进，孵化线索，增加优质线索的产出。

此外，营销人员还可以通过线索评分对每一条销售线索的状态进行跟进，根据用户所处的销售阶段有针对性地为其推送内容。在这个过程中，每条线索都会不断地收到营销内容，直到得分积累到一定程度，才会被推送给销售人员。总而言之，随着相关技术的不断发展，营销也已经进入智能化阶段，先进技术与核心数据都将成为影响营销活动的重要元素。

第 3 章
实践法则：企业营销数字化转型路径

价值创造：数字化客户旅程❶ 管理

随着全球数字化进程不断加快，数字化转型开始向社会各个领域渗透。在营销方面，消费者与企业之间的互动也逐渐趋向数字化，具体体现在多个方面，比如可供使用的网络营销平台不断涌现，支持消费者依托平台与商家及其他消费者沟通互动。企业在数字化转型过程中的价值创造涉及各个层面，下面从典型的消费者在线旅程的角度对上述内容进行详细研究。

数字化技术的发展及其在企业运营中的应用，使得企业关注的重点已经从用户体验（User Experience，UX）转变为客户体验（Customer Experience，CX）。而在客户体验的打造方面，最为关键的要素则是客户旅程。换言之，对客户旅程的管理能力在极大程度上体现了企业对客户体验的管理能力，也决定了企业能否在数字化时代获得竞争优势。企业的客户旅程管理主要包括客户旅程的触点管理、客户旅程地图的绘制和分析等内容。在企业的客户旅程管理中，平台作为企业与客户的触点，其价值不容忽视。由于具有广泛吸引流量、大量传播信息及信息共享的特征，网络上的众多社交媒体如小红书、微博、微信、抖音等都可以作为企业的营销平台。它

---

❶ 客户旅程，Customer Journey，是指客户首次接触直至下单并享受产品或服务期间与企业互动的全过程。

们通常使用短视频或图片等形式吸引消费者关注，并通过策划 UGC（User Generated Content，用户创造内容）等方式，发动客户的力量形成口碑效应。

在数字化转型热潮中，一些企业尝试在不同渠道和接触点上带给客户良好的消费体验，并在消费者旅程的各个阶段，通过提升购买体验或者激发消费者与企业进行互动交流以刺激其消费欲望。比如，聊天机器人目前已经成为企业开展数字营销不可或缺的一种工具，具有激发对话、及时处理消费者的疑问并提供建议、快速处理订单信息等各项功能。

总的来说，数字技术可以通过以下四个层面将客户在线体验具象化，为企业赋能，如表 3-1 所示。

表 3-1　数字技术将客户在线体验具象化的四个层面

四个层面	具体内容
信息性	指的是客户能以客观方式获取体验的功能和价值
娱乐性	指的是客户体会到的愉悦感，能刺激客户做出购买决定
社交临场感	指网页为客户提供人际交流的真实感和现实感
感官吸引力	指通过触动客户视觉、听觉、嗅觉、味觉或触觉，吸引客户购买产品

而营销数字化转型能够在消费者旅程的不同维度上改善客户体验，且在信息性、娱乐性和社交临场感方面尤为明显。在这方面，社交媒体的力量不容忽视。社交媒体从根源上创新了互动方式，为客户带来较为强烈的愉悦感和社交存在感，成为价值创造的新手段。

社交媒体采用 UGC 的方式改变了信息交互的方式，打破了传统"一对多"的单向模式，实现了卖家与客户信息的互换以及客户与客户之间的交流互通。在整个客户旅程中，数字工具不仅能够让客户产生品牌偏好，并且可以根据客户自行搜索的过程，结合大数据技术，辨别潜在客户，吸引意向客户，并通过主动互动吸引客户注意。

社交媒体、短视频、付费广告等工具都能够帮助企业传播商品信息，通过利用大数据技术，能够将这些信息精准推送给高意向客户，从而既帮助企业做了宣传，又能减少客户的搜索成本，还能为客户带来高质量的产品和品牌，满足客户深层次的需求。

企业在发展的过程中往往致力于追求为消费者创造体验价值、加强彼此间的互动记忆，以提高消费者对某个特定品牌的购买意愿。通过利用数字工具，企业能够更好地提升自身的品牌价值，并在创新的空间中与消费者进行互动，提升品牌认知度和消费者体验，并持续提升消费者对品牌的认可度。此外，在消费完成后，企业依赖数字工具也能够继续开展消费者维护工作，并力图将其发展为长期客户。

鉴于数字技术所具有的优势，目前许多中小企业也纷纷加入数字营销队伍，采用 UGC 方式，鼓励消费者参与品牌传播。此外，这种方式在拓展国际市场方面也大有助益。企业可以利用数字工具创建品牌形象并进行宣传推广，吸引消费者，实现产品的外贸销售，同时不断收集国外市场上消费者的需求，优化产品及品牌，提升品牌的国际影响力。

总体来说，数字技术为企业加强客户关系管理提供了无限可能，具体体现在开拓营销渠道、增加消费者旅程接触点等多个方面。此外，企业还可以利用数字工具与客户共同创造品牌价值，收集消费者未来的消费需求，激发消费潜力，实现长足发展。

组织重塑：数字化部门与岗位设定

企业在数字化转型的过程中，传统的组织模式已无法满足发展需求。在数字商业的大环境下，企业要想生存，需要为用户提供精准、及时、便捷、个性化的服务体验，而这一目标的实现需要以大量相关数据的应用为基础。

因此，企业追求数字化转型，就需要创建新型的数字化组织结构，积极利用数字化技术，引入并培养数字化人才。数字化的组织应当有能力对海量数据进行分析，收集客户的各类需求，提高业务创新能力，制定精细化、数字化的发展策略。

下面我们对企业营销数字化转型中的组织建设进行具体分析，如图 3-1 所示。

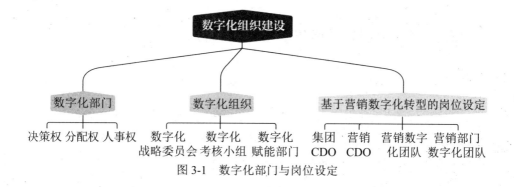

图 3-1 数字化部门与岗位设定

1. 数字化部门：赋予充分的资源支持和决策权力

（1）决策权

在数字化组织结构中，决策权并不是简单地为 CDO（Chief Data Officer，首席数据官）、CIO（Chief Information Officer，首席信息官）等相关数字化部门的领导层赋予决策权，而是要求整个数字化部门参与营销部门的决策，共同创造新型的数字化业务模式和数字化业务流程，这依赖于企业的组织结构和权力决策机制。

（2）分配权

分配权指的是数字化部门对部门资金的分配权，包含项目资金投入和部门员工薪酬奖金分配两个层面。其中，员工薪酬分配权尤为重要。部门员工是实现组织数字化转型的核心驱动力量，员工能够获得合适的报酬才能确保组织数字化转型顺利实施，保持数字化组织的稳定性。

（3）人事权

企业需要对所有与数字化转型相关的部门、组织、岗位及个人赋予人事权。在一些企业中，业务部门本身拥有数字化岗位或信息岗位，这可能会导致数字化转型落地实施时遇到许多阻碍和冲突，减缓数字化进程。要想解决这一问题，数字化部门应当与业务部门相互影响、协同共进，依托相应的组织架构和机制实施数字化转型战略，做好业务流程的监督和考核，共同驱动企业的数字化转型。

2. 数字化组织：搭建数字化领导机制

新型数字化组织结构能够为数字化团队打通技术、系统、业务等不同领域的资源，提升各个领域领导之间的互动效率，充分发挥各部门组织的核心力量，推动数字化团队之间的信息资源共享和协作，构建协作平台，带动各部门组织发挥最大效能，推动数字化转型战略落地实施。

建设数字化组织并非仅改变组织结构，而是应该从整个企业层面进行调整。

（1）数字化战略委员会

以推进企业数字化转型为首要任务的数字化战略委员会应当由公司的最高管理者、各业务线精英及 CDO 构成，其功能主要是为企业的数字化转型战略设定短期目标和长期目标，由各业务线精英推进实施，并由公司最高管理者进行监督。

（2）数字化考核小组

企业要在经营管理部门设置数字化考核部门，为各业务线的数字化转型工作设置考核指标，并进行督导。

（3）数字化赋能部门

将企业原有的信息化部门转变为数字化赋能部门，并辅助数字化战略委员会和数字化考核小组。数字化赋能部门包含前台、中台和后台三部分，便于直接与业务部门协同融合，利用数字化技术为业务部门赋能。数字化赋能部门与传统的信息化部门在前台和中台有较大区别，具体体现在以下几个方面，如图 3-2 所示。

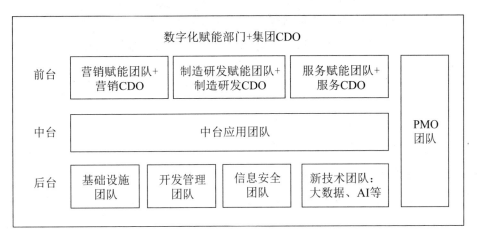

图 3-2　数字化赋能部门

● 前台：前台通常依据不同业务线配备相应的数字化赋能团队，并与业务平台进行直接对接，以实现各业务线的数字化转型。数字化赋能团队一般包括营销数字化赋能团队、制造研发数字化赋能团队及服务数字化赋能团队。

● 中台：根据前台功能创建可供前台调用共享的、互联互通的应用中心，通常有用户中心、积分中心、订单中心等。

● 后台：创建相应的团队为中台提供基础软硬件服务，通常有基础设施团队、开发管理团队、信息安全团队和新技术团队等。

● PMO（Project Management Office，项目管理办公室）：为前台、中台、后台提供项目管理、审计评估、技能培训等服务。

3. 基于营销数字化转型的岗位设定

（1）集团 CDO

集团 CDO 的职能主要包括以下几方面：

● 行使数字化转型过程中的决策权、分配权及人事权；

● 在数字化战略委员会拥有重要话语权；

● 借助数字化考核小组，将各业务线的数字化转型成效进行量化和指标化。

（2）营销CDO

营销CDO即营销领域的CDO，需要拥有足量的业务知识储备和IT知识储备，通常要与营销总经理一对一组队，与营销总经理共同探讨数字化转型的战略实施计划，必要时为其提供相应指导，相互配合，协同作战，共同推进营销领域的数字化转型。

（3）营销数字化团队

营销CDO下面设立数字化团队，完成各类数字化转型任务，例如开发数字化项目，为流程数字化赋能，推广数字化技术等。

（4）营销部门数字化团队

营销业务部门通常也会设立自己的数字化团队，帮助营销CDO充分了解营销业务状况，同时采取一定措施推动营销数字化转型的落地与实施。

数字中台：业务数据化与数据业务化

2015年，阿里巴巴集团为实现数字化转型，计划全面启动阿里巴巴集团2018年中台战略，以顺应数字时代发展的潮流，建设更加灵活的"大中台、小前台"的组织架构和业务机制。

阿里云"大中台、小前台"采用"业务中台＋数据中台"双中台机制，力图打破大企业在部门、数据和业务层面的壁垒，汇聚技术和数据能力构建具有强大支撑力的数字中台，实现企业数据和业务的双向赋能。此外，开发人员在数字中台中构建客户触点体系，以实现企业客户的业务数据化和数据业务化，发展灵敏便捷的数字业务。

随着社会不断发展，企业中台的作用日渐增强，不再局限于以往简单衔接企业前台需求和后台产品的功能，而是逐渐发展成为以用户需求数据驱动企业发展的中坚力量。近几年，越来越多的企业开始重视中台的作用并投入建设，期望借助中台的强大功能实现企业数字化转型。

数字中台模式能够快速响应前台的需求并灵活处理，避免重复建设，同时降低资源浪费、提升工作效率。其中，业务中台能够利用汇聚的技术和产品能力，高效实现业务创新；数据中台则可以借助强大的数据系统实现数据资源共享。

依托用户、数据及营销三者之间的密切联系，企业数据中台在营销领域表现出广阔的应用前景，主要体现在三方面，如表 3-2 所示。

表 3-2　企业数据中台在营销领域的应用前景

序号	具体内容
1	能够对海量关键性数据进行收集、分类和处理，提升数据精准度，发挥数据价值，关键性数据在经过反复锤炼之后会更加准确，使用起来更加灵活。因此，在合规前提下，尽可能多地积累和分析数据才能提升营销中台的基础能力
2	能够及时反映营销状态，帮助前台更加合理高效地做出业务决策。由于中台的本质是借助模板化配置提升业务响应速度，因此，营销中台以用户为核心，构建新型数字化营销模式，可以为业务高效赋能
3	能够根据数据分析结果提炼各类需求，促使前台更好地拉动后台工作，在企业内部形成前、中、后台协同作战的闭环，驱动企业其他领域的数字化转型，全面实现数字化发展

从目前的发展态势来看，全面服务化架构的"数字大中台"模式拥有广阔的发展前景，将有可能成为推行数字营销的首要方案。在未来可预见的发展中，企业数字营销中台将呈现出跨终端、全渠道、全局域的发展态势，在高新技术的引领下逐渐实现弹性扩容，进而实现数字营销。

企业要整合各业务群的数据，并进行筛选和分析，就应该基于海量数据和高新技术创建集团化的"数据中台"，实现数据的统一管理和应用，从而最大程度发挥数据价值，促使企业各领域互联互通、协同作战。

随着粗放式数字营销进入瓶颈期，广告投放开始面临高本低效的尴尬局面。要想摆脱这一困境，企业需要依托数据构建一个营销闭环，实现广告营销的节本增效。目前，数据中台落地的场景有很多，例如实现广告投放闭环的程序化，创建覆盖全业务链的客户洞察体系，为客户提供个性化的营销服务，提升客户体验，优化消费者转换路径，与大型互联网企业交换营销资源等。

从整体来看，数据中台是贯穿整个企业的数字脉络，是带动企业数字化发展的核心动力及决策平台，可以实现企业数据的高效运转及应用。数据中台为前台提供发展策略，实现前台与终端用户的交互，并与前台相辅相成，协同推进企业的数字营销。

企业想要真正实现数字营销，仅通过改革数据模式和技术是远远不够的，还需要优化组织结构，提升组织能力。依托强有力的组织结构和庞大的数据资源，企业可以推进各领域业务线的迭代升级，全面实现数字化转型。

在瞬息万变的市场环境中，企业的营销成本不断攀升，营销需求逐渐扩大。为了实现更好的发展，基于数据中台的优势和特性，众多企业纷纷启动数据中台建设，连接企业中台和后台，推动企业向着全面数字化、智能化及协同化的方向发展。

数字人才：培养员工的数字化思维

由于多种因素的影响，企业的数字化转型注定是一个漫长的过程，需要在各领域长期投入以弥补企业发展的数字化缺口。其中，数字型人才缺口更是企业面临的一道亟须解决的难题。

一些企业为加快数字化转型进程，纷纷通过内部调配重组、外部吸引人才等途径，建立"复合型"数字化转型团队，同时组建数字化培训部门，加快培养复合型数字化人才。除引进与培养数字型人才之外，企业还需要全面改革自身业务流程与业务模式，同步优化岗位设置，以全面推进企业数字化转型。

数字营销的发展会反向推动企业的组织重塑。2019 年，联合利华创设了新的营销高管职位——"首席数字营销官"（Chief Digital Marketing Officer，CDMO），推动了数字营销的飞跃式发展。

从价值链的数字化转型层面出发，数字人才可以分为六大类，数字营销人才就是其中之一。当前各企业正处于数字化转型的风口，以头部快消企业为代表的一大批企业非常重视数字化营销模式，这也映射出数字营销对数字型人才的需求量非常庞大，亟须引进大量适配型人才，并将其投放至企业的产品、市场、渠道、数据等领域。

为了实现数字化营销战略，越来越多的企业开始进行内部变革，全面推行数字化营销理念、模式和策略。《2021 中国首席数字官白皮书》的调研结果显示，绝大多数被调研企业没有设置首席数字营销官，但超过 80% 的受访者认为企业应当设置首席数字营销官。当前，在是否设置首席数字营销官的问题上，已经有一些企业持有非常明确的肯定态度，甚至有的企业高管会为首席数字营销官制定数字营销各层面的关键目标，包括发展战略、方法路线、综合资源、技术切入点和数字化营销，并期望其率先完成，以带动企业数字化发展。

目前，我国的数字营销行业虽然起步的时间较短，但依托雄厚的资源和先进的技术，该行业拥有广阔的发展前景。在营销实践中，很多经验丰富的从业人员对数字营销有着自己独特的见解，但是受到格局限制，没有从发展的角度看待问题，无法将数字营销全面融入企业的数字化转型。

数字人才是推动企业数字化转型升级的核心力量。企业对数字人才的巨大需求加剧了数字人才的竞争，同时也驱使着社会各界不断加大在数字人才培养领域的投入。可以说，在企业数字化转型的过程中，企业必须提升数字人才竞争力，并在高新技术的加持下全面创新营销模式。

第二部分
5G×AI 营销

第 4 章
5G 赋能：智能时代的数字营销新玩法

技术变革：数字营销的底层逻辑

新一代信息技术的迅猛发展，促使各个经济领域产生了许多新的变革。作为第五代移动通信技术，5G 正在以新的通信方式冲击着传统的通信技术，使得更加开放、融合及创新的通信架构在全球范围内逐渐建立。

1. 5G 通信技术的概念界定

随着移动通信系统的带宽与能力不断增强，面向个人与行业的移动应用越来越多，移动通信相关产业生态发生了巨大的变化，5G 成为更高速率、更大带宽、更强能力的空中接口技术与面向用户体验、业务应用的智能网络的"融合体"。

国际标准化组织 3GPP 将 5G 的三大应用场景定义为：eMBB（enhanced Mobile Broadband，增强移动宽带）、URLLC（Ultra-Reliable & Low-Latency Communication，低时延高可靠通信）、mMTC（massive Machine Type of Communication，海量机器类通信）。

（1）eMBB 场景

eMBB 场景的功能是承接移动网、增强互联网。基于 5G，用户可以享受到 1Gbps 的体验速率、20Gbps 的峰值速度，体验到在线 4K/8K 视频和 VR/AR 视频。在此情况下，用户数据业务流量将呈现出爆发式增长，使得远程智能视觉系统的需求得到有效释放，新的行业应用将会接连出现。

（2）URLLC 场景

URLLC 场景是实现物联网的一个重要场景。在物联网的各项应用中，车联网、工业远程控制、远程医疗、无人驾驶等应用对网络的传输时延、网络连接的可靠性有着较高的要求。如果网络传输时延较高、网络连接的稳定性较差，轻则造成财产损失，重则诱发严重事故，造成人员伤亡。

为了保证物联网各项应用的安全性，网络传输时延必须保持在 10ms 以内，自动驾驶、远程医疗等应用的网络传输时延要控制在 1ms 以内。网络延时越短，越能带给使用者更强的既视感与现场感。

（3）mMTC 场景

mMTC 场景也是物联网的一个重要场景，是智慧城市、智慧楼宇、智能交通、智能家居、环境监测等场景的重要支撑。借助 5G 广连接的特性，每平方千米的物联网可以连接数百万的设备，满足用户工作、生活方方面面的连接需求。正是基于强大的连接能力，5G 才能在各个垂直行业实现渗透应用。

以 4G 相比，5G 具有以下优势：

● 就传输速率而言，5G 拥有 10Gbps~20Gbps 的峰值速率，相较于 4G 提升了 10~20 倍，用户体验速率高达 0.1Gbps~1Gbps，相较于 4G 提高了 10~100 倍；

● 就流量密度而言，在 5G 环境下，每平方千米的流量预计能够达到 10Tbps，相较于 4G 提升 100 倍；

● 就网络能效而言，5G 相比 4G 实现了 100 倍的提升；

● 就连接数密度而言，5G 每平方千米的联网设备数量可以超过 100 万个，相较于 4G 提升 10 倍；

- 就频谱效率而言，5G 相比 4G 实现了 3~5 倍的提升；

- 就端到端时延而言，5G 的数据传输时延低至 1ms 级，相较于 4G 提升 10 倍；

- 就移动性而言，5G 的通信环境时速高达 500km/h，相较于 4G 提升 1.43 倍。

具体指标对比如表 4-1 所示。

表 4-1　5G 与 4G 关键技术指标对比 ❶

技术指标	4G 参考值	5G 目标值	提升效果
峰值速率	1Gbps	10~20 Gbps	10~20 倍
用户体验速率	10Mbps	0.1~10Gbps	10~100 倍
流量密度	$0.1Tbps/km^2$	$10\ Tbps/km^2$	100 倍
端对端时延	10ms	1ms	10 倍
连接密度数	$10^5/km^2$	$10^6/km^2$	10 倍
移动通信环境	350km/h	500 km/h	1.43 倍
能效	1 倍	100 倍提升	100 倍
频谱效率	1 倍	3~5 倍提升	3~5 倍

2. 从技术变革到营销变革

迄今为止，数字营销已有十多年的发展历史，贯穿了 2G~4G 发展的全过程。纵观其发展历程可以发现，通信技术的迭代深刻影响了营销行业的发展格局。

2G 时代，广告主和消费者主要通过电脑端互动，这时的手机功能比较单一，仅支持广告主与消费者通过打电话、发短信的形式进行沟通，沟通成本高，效率低。对于广告主来说，这种沟通形式没有太大的价值。在这个时代的数字营销中，文字链是广告主投入的重点，掌握基于文字链的搜索入口的百度成为当之无愧的流量霸主。

---

❶ 资料来源：前瞻产业研究院《中国 5G 产业发展前景预测与产业链投资机会分析报告》。

3G 时代的智能手机承载的流量形式从单纯的文字转变为"图片 + 文字"，流量主阵地由 PC 端转移到了手机端，具备社交功能的 QQ 占据了流量霸主地位。在 2G 时代，用户在 PC 端消磨的时间有限，但进入 3G 时代，智能手机端的应用越来越多，吸引用户投入的时间也越来越多。在这个时代，流量总量（流量可覆盖人群 × 每天投入时间）实现了第一次质的飞跃。

4G 时代，智能手机支持的流量形式进一步扩大，更加实时、承载更大信息量的短视频和信息流轻松实现，并且在宽带发展至百兆时代后，OTT（Over The Top）❶ 成为一个新的流量战场，并发展延伸为深不可测的"流量洼地"。随着时代更进一步发展，近几年，涵盖了今日头条、抖音等热门应用的"头条系"快速发展，成为新的流量霸主。2022 年 1 月 21 日，新京报贝壳财经报道称："字节跳动 2021 年全年营收约 3678 亿元，其中广告商业化收入约 2500 亿元。"字节跳动这斐然的成绩离不开 4G 时代的流量红利。

进入 5G 时代，流量形式会呈现怎样的变化？这个时代的流量霸主会落入谁手？将出现哪些新的用户互动终端？在营销变革中，通信技术将发挥怎样的作用？从消费者行为学的角度进行分析可以发现，在新消费时代，内容更丰富、可以与用户实现实时互动的触点形式更容易刺激消费者产生购买欲。这些触点自然会吸引广告主的目光，获得更多预算投入。而触点的演进又会带动一系列新变革，这些新变革将覆盖数据运营逻辑、生态圈运营逻辑、预算分配体系、效果评估体系等诸多领域。

5G 时代的数字营销新场景

在 3G、4G 网络的推动下，人们日常的工作、生活和学习已经离不开智能手机及其承载的内容。而具有低延时、高速率等特性的 5G 不仅会提高

---

❶ OTT 是指互联网公司越过运营商，发展基于互联网的各种视频及数据服务业务。

用户的上网频率，也将给网络营销、服务营销、知识营销、市场营销等营销方式带来新的变革。

5G 实现了"万物互联"。我们可以想象，未来每一种带屏幕的产品都可以实现与人和网络的互联互通，随之而来的营销场景也将变得更加丰富，广告形式也会产生新的变化，除了文字、图片、短视频之外，AR、VR、游戏等也可能加入其中。

举例而言，Byted Effect 是字节跳动在 2018 年 6 月推出的 AR 特效平台，该平台向企业用户免费开放，能够助力企业 App 更便捷、高效地开发 AR 特效，推动 AR 产业发展。而对于移动平台来说，今日头条作为其代表的移动产品已经取得了重大突破。在各种各样的移动产品中，抖音、今日头条、西瓜视频等移动产品将移动互联网中最热门的内容形式包罗其中，其中短视频凭借极高的流量，更是被称为"移动互联网时代的风向标"。

此外，5G 的规模化商用将进一步推动移动互联网实现长远发展。3G 和 4G 作为 PC 时代向移动互联网时代过渡的关键技术，改变了人们对手机的使用方式，让人们的工作、生活和学习发生了极大的改变。总体来看，5G 技术的日益成熟和广泛应用，将促使数字营销市场呈现出以下变化，如表 4-2 所示。

表 4-2　5G 环境下数字营销市场的三大变化

变化	具体表现
Go Offline （线下流量的崛起）	物联网下的触点形式更加多元化，在不断增加的物联网智能设备的推动下，线上线下的流量将进行重新分配，消费者线下流量的使用时间会增长
Go Rich （营销内容的丰富）	基于"5G+AI"的实时营销将崛起，广告主与消费者将基于更多设备进行视频互动
Go Chips （营销资源的碎片化）	复杂的线下设备由于投资巨大，导致流量形式的碎片化明显，广告主面对的商业环境和效果评估体系将更加复杂、多变

具体而言，5G 在数字营销领域的应用场景主要体现在以下几个方面，如图 4-1 所示。

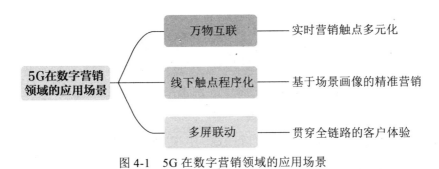

图 4-1　5G 在数字营销领域的应用场景

1. 万物互联：实时营销触点多元化

随着互联网技术的进步，物与物的跨时空连接成为可能，信息交换变得轻而易举，具有高速率、低时延、大连接等特性的 5G 网络的出现更是让信息交互变得更加高效，也促进了万物互联。

以互联网为营销渠道的互联式营销充分运用数据库资源，能够利用商品的关键信息为商品贴标签，再以移动终端为媒介联系起商品与消费者，让消费者通过互联了解商品特点，并在线上进行储存与交易。如果推送的商品不合消费者心意，那么消费者可以将其排除在购物清单之外。这样的互联式营销模式可以让消费者通过互联网随时随地了解和购买商品，符合人们的生活习惯，也顺应了未来营销的发展趋势。

2. 线下触点程序化：基于场景画像的精准营销

程序化广告是指基于互联网广告相关技术实现的自动化的广告交易和管理。在程序化广告交易中，在算法和系统的作用下，广告主可以对目标受众进行精准定位，向目标受众定向推送广告内容，并实现个性化出价，真正实现互联网广告的"千人千面"。互联网媒体则可以基于程序化的方式对跨媒体、跨终端的用户流量资源进行售卖，从而有效提升媒体商业的变现效率。

当前，国内程序化广告的市场规模已经极为庞大。广告主利用程序化工具，基于目标受众画像有针对性地购买流量，并对复杂的频控、轮播等投放规则进行设置。5G时代的到来，广告主可以更轻松地以程序化的方式购买线下流量，如同购买线上流量一样。5G时代是"万物互联"的时代，因此任何形式的屏幕或物体都有可能成为广告载体，带给用户极尽真实的视觉体验、情感体验，帮助企业搭建智能化的营销渠道。在5G网络环境下，随着大数据不断升级和优化，企业可以更加精准地采集用户数据，从多个维度对用户数据进行分析，基于数据分析结果有针对性地投放广告，实现精准营销、智能营销。

程序化广告基于消费者画像，致力于将不同的广告传递给不同的消费者，以实现营销的个性化和定制生产的创意化、智能化，因此能够不断增强渠道的转化效果。

3. 多屏联动：贯穿全链路的客户体验

5G为广告主与消费者形成良好互动提供了多样化的触点形式，在这种环境下，消费者的消费行为将变得更加复杂。广告主不仅要明确"私域流量""公域流量"等概念，还要理解"私有屏""公有屏"，只有这样才能增强屏幕之间的协同与互动，打通不同的流量终端与流量形式，切实优化消费者体验。

在5G技术与物联网设备的融合应用下，线上的购物功能将在线下各种形式的屏幕中一一实现。目前，消费者在购买商品时，通常会优先选择线上购物渠道，第一时间打开各种电商App进行搜索。而进入5G时代，线下基于场景的购物方式也将越来越多，部分电商App将被线下流量所代替，线下流量将作为一种新的购物流量入口而迎来新的发展机遇。

基于 5G 大数据的精准营销

随着 5G 等技术不断进步，我国经济发展迈入科技创新发展阶段，刚好顺应了全球新一轮科技革命和产业变革的发展趋势，5G 为我国经济发展带来了新的机遇和挑战。5G 与社会经济各领域的深度融合将促进社会经济高速发展，推动人们思维的跨越式进步，从而引发新一代科技革命，开启高速度、低时延、低能耗、广连接的万物互联时代。

5G 具备超高速率、超低延时及超高流量密度的特征，因此，基于 5G 与大数据的数字营销将会为企业带来前所未有的体验。

回望过去的 4G 时代，企业营销通常采取"广撒网"的粗放式广告投放来传播产品与品牌，但这种方式只是企业单方面输出信息，缺乏与消费者的交流互动，得不到足够的消费者反馈，无法精准获取消费者的真实需求，导致营销成本较高但收效甚微。这种粗放式的广告投放通常以电视广告、互联网界面为主要形式，不仅不易激发消费者的购买兴趣，甚至还可能引起消费者的质疑或反感，无法保证广告的转化率。

5G 利用其特有的技术特征，可以实现广告的精准投放，达到节本增效的效果。而大数据技术通过收集海量数据，并对其进行多维整合、筛选和加工，可以掌握不同消费者群体的消费特点及消费需求，再利用物联网等技术，帮助企业制定合适的营销策略，实现企业广告的精准投放，刺激消费者的购买欲望，从而实现精准营销。此外，智慧城市的不断发展和优化升级，也为新一代数字营销提供了更多载体，可以实现随时随地营销。

在 5G 时代，用户终端可以始终保持联网状态。随着 5G 技术的不断升级和产品的优化迭代，一系列智能设备如雨后春笋般涌现，典型代表如 5G 智能手机、智能手表、智能家庭设备等，在为用户带来便捷舒适的生活体验的同时，也为数字营销开拓了新渠道，最关键的是能够激发用户的消费欲望，大大提升广告投放的转化率。此外，各类智能联网设备能够随时捕捉各类用户数据，例如生物特征数据、示意动作数据等，为优化广告投放策略提供数据支撑。

数字化营销是一种集数据、技术、网络、策略、受众为一体的新型营销模式，解决了传统营销模式信息不对称的问题，大幅提升了营销推广的转化率。5G 技术的应用则大大降低了收集、筛选和分析数据的难度，减少了企业获取用户需求的成本，可以帮助企业优化广告投放策略，提高转化率。在实际应用中，数字化营销能够根据产品属性，选取适宜的应用场景开展更合理的营销推广。

数字营销的基础是数据和技术。5G、人工智能等技术的发展，使得数据采集更加智能、高效和全面。在具体实践中，一方面，企业可以采集物与物之间的互联数据，例如洗衣机感知记录衣物的情况，饮水机感知桶装水的存量并自动下单购买，冰箱感知食物存量并及时发出提醒等；另一方面，企业可以采集人与物之间的多感互动数据，例如用户点击和输入的信息、在不同网页界面停留时长等数据。同时，加工处理后的数据可以为精准营销决策提供依据，并通过 5G 等技术推进营销策略落地，实时检测策略执行情况及遇到的问题，不断优化改进，保证营销效果。

这样一来，企业获取消费者的消费需求和消费偏好就变得比较容易，进而实现广告的精准投放。此外，5G 技术较 4G 更为可靠，也更容易被用户接受，更容易达到用户终端始终联网的状态，实时获取海量高可信度的数据，帮助企业推进精准营销。

5G 驱动的沉浸式交互体验

随着相关技术的发展，各类智能产品不断迭代更新，消费者也不断追求更高端的智能体验，这使得企业产品营销逐渐走向视觉、听觉、嗅觉、味觉、触觉相融合的沉浸式体验营销模式。这种营销模式在为消费者带来良好的产品体验的同时，能够让消费者进一步体会到产品带来的便捷和舒适性，以及为其带来的生活品质的提升，可以进一步刺激消费者的购买欲望。

在 5G 技术的加持下，AR、VR 等技术不断优化更新，有效促进了虚拟世界与现实世界的融合，能够给消费者带来身临其境的感觉，弥补了传统营销模式的缺陷。借助新兴技术的沉浸式营销模式，不仅能够让消费者足不出户实现对产品的全面了解，而且弥补了图片、离线视频等产品展示方式的不足，方便消费者详细了解产品的细节，真正有助于消除消费者与产品的距离，从而给消费者带来良好的消费体验，提升成交率。

随着社会、经济、技术飞速发展，特别是 5G 等技术的进步和商用规模的扩大，LED 屏、裸眼 3D 屏等逐渐遍布人们生活的每个角落，比如商场、写字楼、车站、机场等人员密集的公共场所。这些屏显是产品营销的绝佳载体，既不浪费公共资源，又能时刻传播商品信息。

依托于 5G 技术和人工智能算法，分布在各处的显示屏可以实时感知、传输和分析消费者的数据信息，特别是在某些私人订制的场所，还可以结合大数据库中此消费者的消费偏好、预算等为其推荐适合的产品及品牌，实现精准推送。

另外，广泛分布于各大场所的智能摄像头及感应器等设备，可以基于 5G、大数据、人工智能等技术，捕捉消费者的表情变化，并通过数据分析判断出消费者对接触的产品是否真正有购买欲望，或者判断消费者更倾向于购买哪款产品，以实时优化广告推送策略，节省广告主和消费者的成本，提升营销效率，达到企业与客户双赢的目的。

企业利用 5G、大数据等技术，能够广泛收集消费者的消费兴趣、消费特点及消费需求，并对这些数据进行整合分析，为每个消费者建立独立的数据库，根据一定的标准进行消费者群体维度划分，并不断补充、更新，为实现智能化精准营销奠定坚实的数据基础。当然，企业要想实现基于 5G 的数字营销，除了需要依据消费者以往的阅读量、点击率等数据以外，还要获取消费者的反馈，这就需要与消费者开展更深层次的互动，以获取消费者的真正需求和想法。

与传统的营销模式相比，基于 5G 的数字营销最大的优势在于能够实现信息的双向传播。5G 技术的成熟给数字营销带来了强有力的技术支持，赋予了数字营销交互性的特征。一方面，企业可以通过各类平台传播产品信息，并利用 5G 技术捕捉消费者的行为数据，包括手动键入搜索及眼神停留时长等，以判断消费者的消费能力及消费需求，优化调整营销策略；另一方面，消费者可以通过各平台反馈消费体验，包括对产品的满意度及期望值等。两方面相结合，可以帮助企业制定更合理的营销策略，真正实现精准营销。

5G 数字营销的未来发展方向

5G 技术的迅猛发展颠覆了传统的生产和生活方式，带来了能够高速下载的移动宽带、海量连接的终端设备和高可靠、低时延的联网远程操控，并以移动通信技术升级为起点扩散到各个行业，成为行业发展和转型的重要催化剂，同时也渗透并深度覆盖车联网、无人机、智慧城市、智能家居、远程医疗、移动超高清、工业自动化等关乎人们生产和生活的诸多领域，为人们带来全新的体验。

消费者需求的更新和生活场景的改变将对营销领域产生最为直接的影响，因此，当原本的营销场景出现变化、新场景逐渐出现时，营销手段和营销形式也会随之革新。进入 5G 时代，数字营销将会出现诸多变化，5G 数字营销的未来发展方向如图 4-2 所示。

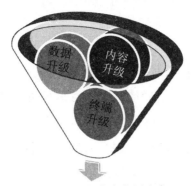

5G数字营销的未来发展方向

图 4-2　5G 数字营销的未来发展方向

1. 内容升级

5G 技术提高了视频素材的播放质量和加载速度，用户在下载或观看 4K/8K 的高清或超高清视频时也能做到"随点随放"、流畅无卡顿。除此之外，5G 的增强移动宽带还提高了移动数据连接速率，让用户在观看视频时能不受时间、地点和速率的限制。因此视频营销的点击率会大幅提高，跳出率会大幅降低，而高分辨率的 4K/8K 视频的流畅播放也将会带来更加丰富的表现形式。

不仅如此，5G 技术下的移动高速网络实现了数据的云存储和云计算，压缩了产品硬件的重量体积和成本，让以前在本地处理数据的 AR/VR 产品的成本降低，形态也变得更加轻便。

此外，5G 还大大降低了通信时延。在 5G 网络的支持下，头戴式 VR 设备能够为用户提供实时画面，避免用户因为高时延出现眩晕，优化了用户体验。随着 AR/VR 产品使用体验逐渐提升，产品应用范围将越来越广，使用频率也将越来越高，现实物理世界和虚拟数字世界的融合将为企业营销开发出全新的应用场景，创造出更加多样的表现形式。

2. 数据升级

在 4G 时代，人与物之间已经有了简单的连接，例如电视、音响、汽车、体重秤、电灯开关等物品已经能够连通互联网并存储使用者的相关数据。进入 5G 时代后，网络容量越来越大，物与物之间连通的广度和深度也随之增加，互联网将实现从移动互联向万物互联的巨大转变。在万物互联时代，不同领域的不同设备将大量接入网络，这些设备将存储多个维度的数据信息。

如果企业能够将消费者各个层面、各个角度的相关行为数据信息全部记录并存储下来，就能绘制一个全方位、立体化的消费者画像，有助于实现针对具体消费者的精准营销。但同时，企业也要解决处理和应用海量数据的难题。

3. 终端升级

5G 时代的智能终端越来越多样化和智能化，逐渐渗透消费者生活的各个方面。营销活动可以选择这些智能终端作为载体，开拓出更加广阔的场景、更加丰富的渠道以及更加多样的媒介向消费者传递信息。

以家居的智慧互联为例，冰箱和电饭煲可以智能化地向消费者展示使用方式；智能音箱可以通过与用户对话获取用户的消费需求，为其推荐产品和服务。企业在消费者产生需求时进行营销能在一定程度上破解用户的营销反感，提高营销活动的转化率。

第 5 章
智慧营销：AI 在营销领域的场景实践

AI 开启智慧营销新模式

新兴技术的发展不仅颠覆了传统的产品生产模式，还可以与营销等多个环节相融合，为企业的升级和进化提供有益的助力。以企业营销为例，知识图谱、自然语言处理以及机器学习等人工智能技术，能够为企业在营销过程中的内容投放和数据处理提供极具针对性的支持，同时可以对营销活动的开展效果进行实时监控。

可以说，基于人工智能技术开启的智慧营销新模式可以优化营销投放策略，拓展企业的营销渠道，在提高营销效率、实现精准营销的基础上降低企业在营销环节消耗的成本。此外，随着人工智能技术的发展及其与企业营销的深度融合，营销的精准性、交互性和有效触达率将进一步提升，企业营销将有望实现真正的智慧化，如图 5-1 所示。

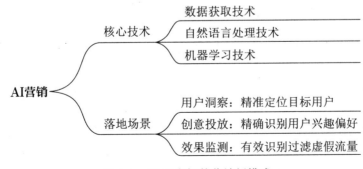

图 5-1 AI 开启智慧营销新模式

1. AI 营销的核心技术

企业营销环节适用的人工智能技术主要包括数据获取技术、自然语言处理技术和机器学习技术。

（1）数据获取技术

数据是人工智能进行一切分析和判断的基础。企业营销的智能化也需要基于相关领域的数据来实现。因此，能够获取和处理海量数据的技术就成为 AI 营销的核心技术之一。

在获取相关数据的过程中，AI 营销所使用的数据获取技术不仅包括传统的基于已有资料以及市场调查等途径进行的数据收集，还包括借助网络爬虫等技术针对相关平台进行的高效数据收集。而且，由于不同类型的数据对于营销活动的开展所具有的价值不同，因此，企业在数据获取之前可以根据相关数据的优先级设定获取逻辑。

在获取海量数据之后，AI 营销可以使用数据获取技术对数据进行整理。由于所获取的海量数据已经基本实现了电子化，因此便可以有效地进行数据的分类整理，在提高数据整理效率的同时，还能有效降低数据整理成本。

（2）自然语言处理技术

自然语言处理技术就是研究如何实现人与计算机通过自然语言进行有效通信的理论和方法，是人工智能领域以及计算机领域的重要研究方向。AI 营销借助自然语言处理技术，可以有效提高用户与企业营销活动的互动频率，提升营销效率和精准度。

（3）机器学习技术

机器学习就是研究如何让计算机模拟和实现人类的学习行为的理论和方法，涉及统计学、概率论等多个学科。机器学习技术能够使计算机不断改善自身性能并真正具有智能，是人工智能的一项核心技术。

机器学习能够应用于人工智能的各个领域，同样可以为企业的营销环节赋能。例如，在生成营销创意以及决定投放地点等场景中，机器学习技术都能够发挥重要作用。

2. AI 营销落地场景

AI 营销的落地场景主要包括用户洞察、创意投放和效果监测三类。

（1）用户洞察：精准定位目标用户

企业开展各类营销活动的基础是一致的，即精准定位目标用户。在传统的营销模式中，营销人员对用户进行分析需要耗费大量的时间、人力和物力，而且受限于个体的主观性、认知的有限性等，营销人员对用户分析的精准度也不是很高。

AI 营销基于强大的数据获取能力与处理能力，能够帮助企业建立用户样本库，并在此基础上进行目标用户匹配。而且，基于 AI 技术所拥有的深度学习等能力，企业能够实时追踪用户偏好、需求等方面的变化，进而调整营销活动，有针对性地提高营销效果。

企业借助人工智能技术能够进一步发挥大数据的作用。在对海量数据进行统计及分析的过程中，商家可以利用人工智能技术对消费者进行有效归类，针对他们共有的消费特征，选择符合其需求的内容进行精准推送，从而达到更加理想的营销效果，增加销售收入。

（2）创意投放：精确识别用户兴趣偏好

智能手机等移动终端的普及以及移动通信技术的发展，使得人们花费在短视频等平台上的时间越来越多，而这也为企业的营销改革提供了新方向。在传统的营销模式中，可供企业投放的平台往往比较固定，而且难以获得理想的效果。而在智慧营销新模式中，AI 技术不仅可以精准定位目标用户，而且可以精确识别用户的兴趣偏好，例如其经常访问的平台、曾经搜索的关键词等，这些都能够指导企业的广告投放活动。

（3）效果监测：有效识别过滤虚假流量

随着市场竞争愈演愈烈，企业更为迫切地希望了解每一次广告投放所取得的成果，为此后的营销活动提供指导。人工智能技术不仅可以应用于广告投放前的分析以及广告投放中的指导环节，也能够在广告投放后的效果监测以及后续调整等环节发挥作用。

借助于在广告投放前期采集的海量数据，人工智能技术可以对目标用户的行为进行实时追踪，并准确区分"真实流量"和"虚假流量"，打破传统营销模式中存在的信息壁垒，减少企业在营销中的资源浪费。

基于 AI 算法的预测营销

现代社会发展迅速，消费者的需求也在实时改变，如果企业能够提前预知市场未来的走向，就能抢占先机，提前做好部署及相关准备工作，有效规避风险，实现更好的发展。但是随着信息爆发式增长，消费者每天被海量信息所围绕，这使得企业营销越来越难以达成预期目标。而人工智能技术的应用为解决这一问题提供了有效的技术手段。

具体来看，在人工智能技术的帮助下，通过对数据的分析与深度处理，企业能够更加准确地预测市场未来的发展趋势，并据此制定自身的发展战略。

在欧美市场，营销软件开发商已经将人工智能技术应用到了为客户定制的营销软件中。由于互联网每天都在产生海量数据，仅凭人力对这些数据进行分析需要耗费大量的成本，而且无法保证最终的营销效果，引入人工智能技术就显得尤为关键。

预测营销是人工智能在营销领域应用的一个热点方向，它融合了大数据、云计算、传感器、人工智能等诸多前沿技术，通过预测分析模型来获得最终的营销效果，帮助营销人员找到合适的目标群体，激发目标群体的购买欲望，并有效控制营销风险。

结合数据处理及分析技术，企业可以借助 AI 从海量信息中提取出与自身企业相关以及与本行业和消费人群相关的信息。并利用这些信息，基于企业自身的实际状况通过人工智能技术创建预测模型，对今后发展过程中可能出现的问题进行应对。

例如，当用户登录电商平台后，平台便会基于所收集的用户信息对其进行个性化推荐。这些信息包括用户曾经购买的物品、购买频率、搜索的关键词、商品页面的浏览时长等。基于这些信息，平台便能够分析用户的购物偏好并预测其购买行为。平台收集的用户信息越多，绘制出的用户画像就越精准。

此外，基于不同的季节、时间以及流行趋势，电商平台也会向用户推送不同的内容。可以说，电商平台上的海量数据为用户分析提供了重要依据，有助于提升用户的使用体验和商家的销售额。

具体来说，基于 AI 算法的预测营销需要完成的任务主要包括以下几个方面，如图 5-2 所示。

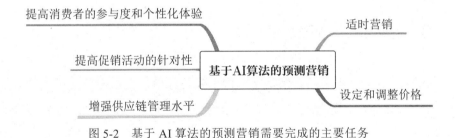

图 5-2　基于 AI 算法的预测营销需要完成的主要任务

1. 提高消费者的参与度和个性化体验

对零售企业而言，建立智慧化营销模式的目的之一就是将单一频次的用户转变为品牌的忠实粉丝，而这就需要提高用户的参与度，满足用户的个性化需求。

当用户在电商平台进行搜索或购物时，其所产生的数据不仅可以被应用于电商平台，也可以供零售商使用。基于目标用户的相关数据，商家便能够对用户需求进行分析，将分析结果纳入营销预测模型，以便迎合用户需求，获取更多忠实粉丝。

2. 提高促销活动的针对性

由于用户的需求、消费水平、购物习惯各不相同，因此企业非常有必要对不同的用户数据进行收集并策划具有针对性的营销活动。当企业针对某一细分用户群体制定营销活动时，便可以只向对应的用户发送促销活动信息，提高营销活动的开展效率，带给用户个性化体验。

例如，化妆品零售商可以通过收集用户数据对顾客群体进行细分，推出不同品类的产品促销活动后便可以将信息推送至对应的顾客群体。这种精准的营销方式不仅能够提升用户的忠诚度，也有助于延长客户的生命周期。

3. 增强供应链管理水平

在企业运营过程中，仓储是一个很重要的环节，往往需要消耗大量的成本。基于 AI 算法的预测营销可以帮助企业更合理地安排库存，对商品进行智能化分配，减少企业在仓储环节的投入。由此可见，预测营销能够在一定程度上提高企业的供应链管理水平，减少成本浪费，进一步扩大企业利润。

4. 适时营销

企业可以通过数据分析对互动流程进行优化调整，并针对消费者的个性化需求为之制定差异化的营销策略，使其产生强烈的参与感与体验感，从而激发其购物欲望。更为关键的是，人工智能技术的应用可以让营销人员实时为消费者提供信息服务。

营销预测平台 Mintigo 就推出了智能客户参与计划，该计划的目标是在合适的时间通过合适的渠道为目标群体提供感兴趣的内容，吸引客户与企业进行交流互动，并激发客户的购物欲望。应用智能算法后，企业能够在几秒钟的时间里处理海量的用户数据，找到具有价值的信息。

5. 设定和调整价格

由于产品定价往往需要综合多方面的因素进行考量，因此定价对很多企业而言是一项棘手的难题。借助人工智能技术，企业可以对价格以及销量等数据进行挖掘和分析，从而制定更合理的定价策略。

随着人工智能技术的发展及应用，越来越多的企业认识到这项技术的价值所在，并开始利用该技术谋求更好的发展前景。可以预见的是，未来应用人工智能技术开展营销活动将成为营销人员需要具备的一项重要技能，企业管理者也需要重视人工智能技术在数字化时代的价值。

AI 在内容营销领域的应用

随着人工智能技术的发展与应用，其在企业运营中的价值也逐渐凸显。其中，人工智能技术将对市场营销领域的发展产生深远影响，无论是广告策划与设计，还是网站建设与运营，还是产品与品牌的推广，都会在人工智能的参与下发生改变。

近几年，人工智能技术在市场营销领域的应用范围正逐渐拓宽。企业采用人工智能技术代替传统的人工操作，可以在短时间内高质量地完成信息的提取与加工。不过，与此同时，企业在引进及采用人工智能技术的过程中仍然存在许多问题。一方面，企业在原有的业务流程中嵌入人工智能技术，并围绕该技术的应用开展团队化运作涉及许多复杂因素。另一方面，人工智能技术尚未获得整个市场的认可，要获得公司管理层的资金支持可能并不容易。

尽管如此，随着人工智能技术与应用的不断成熟，其在市场营销领域必将引发新一轮变革。就内容营销领域而言，AI 的应用主要体现在以下两个方面。

1. 优质内容写作

目前，AI 的写作技能得到越来越多企业的认可，比如很多媒体已经尝试采用人工智能技术编撰基础性新闻信息。实践证明，人工智能能够快速完成高质量的写作任务，在将原始资料撰写成文本信息的同时，还能对具体内容进行整合梳理以及添加标题。企业通过采用人工智能技术进行文案编撰，有望实现对传统营销方式的改革。

例如美国自动化透视公司（Automated Insights）开发的 AI 写作系统就受到了不少企业的追捧。该系统是基于自然语言生成技术开发的，可以对海量信息进行有效筛选，围绕核心主题进行信息提取，再对优质信息进行加工处理，以呈现出符合用户阅读习惯的文本形式。虽然相较于人工编撰，这种信息加工方式的文法处理能力有所欠缺，但不妨碍读者获取自己所需信息。不仅如此，部分文章还能根据上下文语意进行自然过渡，使内容连接更加顺畅。

在内容营销领域，采用人工智能技术有助于获得更加理想的宣传效果。依托人工智能技术，营销人员能够增强广告的吸引力，利用搜索引擎优化（SEO）实现预期的营销目的。例如，人工智能可以依据海量信息的分析结果，推出符合消费者个性化需求的宣传内容，实施精准化营销。相对于传统模式下的无差别营销，这种营销方式的针对性更强，能够获得更好的推广效果。

2. 精准筛选推送

精准推送已经成为企业通用的一种营销手段，人工智能技术的应用，能够进一步助力企业对这种方式的有效利用。

美国信息流原生广告平台 Outbrain 就是这方面的典型代表，该平台采用人工智能技术，能够将指定内容推送给潜在目标用户，有效提高用户的阅读率，减少营销人员的工作压力。

在上述案例中，企业主要通过人工智能向消费群体推送已经制定好的内容。而在实际应用中，如果企业能够自动向用户推送"未知"的信息，且起到良好的推广作用，才能充分发挥精准推送的作用。例如，很多新闻 App、视频网站以用户的浏览记录为参考，向用户推送能够吸引其注意力的内容，整个过程无须平台运营方的工作人员操作，系统可以自动完成的。

IBM 公司和美国德克萨斯大学联合打造的"沃森"（Watson）人工智能系统可谓是这方面的典型代表。此外，美国体育运动装备品牌安德玛（Under Armour）推出一款健康软件，能够收集不同用户的健康信息，找出其中的共性，并据此向用户提供有效建议。

相信在不久的将来，人工智能将给市场营销的广告设计、网站运营、品牌推荐等多个环节的改革带来极大助力。

企业如何应对 AI 营销浪潮？

机器在未来的企业营销活动中将扮演什么样的角色，是很多业内人士都在思考的问题。确实，人工智能在很多企业营销事件中发挥出了良好的作用，但在用户需求与市场环境动态变化的背景下，其能够发挥的空间相对有限。而对数据智能时代的企业营销而言，企业需要营销技术、数据科学、文化环境、人工智能、物联网等各个方面提供强有力的支撑。

对于人工智能技术在营销领域的应用，营销从业者应该有一个正确的认识。如同电子商务一样，技术并不会因为部分传统零售企业的排斥及抵触止步不前，人工智能技术在营销领域的应用亦是如此。在由人工智能技术所引发的营销变革浪潮中，企业需要做到以下四个方面，如图 5-3 所示。

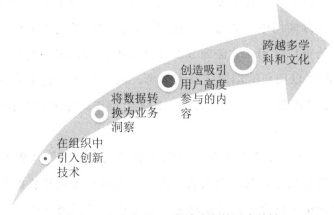

图 5-3　企业应对 AI 营销浪潮的四大关键

1. 在组织中引入创新技术

对于营销人员来说，创新是一项重要的职业技能。虽然企业的营销人员可能并非人工智能领域的专业人才，但也可以通过积极引入人工智能技术，帮助企业在营销中改善用户体验、提高产品销量及品牌影响力。

在人工智能技术在营销领域的应用程度日渐加深的背景下，灵活应对外界变化及处理抽象思维的工作能力就显得愈发关键，因为在相当长的一段时间内，人工智能很难在这些方面发挥出理想效果。营销人员不仅要拥抱变革，更要将人工智能技术引入企业的营销推广活动中，成为企业转型升级的积极推动者。

2. 将数据转换为业务洞察

大数据时代的到来，使得数据成为企业的重要战略资源，所以营销人员要具备基于数据进行业务洞察的能力。营销人员要根据数据模型提供的分析结果，找到结果背后的深层次内涵，而不是简单地停留在数据表层。在信息化时代，营销人员需要对信息价值有深入认识，能够借助各种技术与工具处理海量数据。

对于企业营销来说，关键的决策始终是由人而不是由机器或智能算法制定的。所以，营销人员需要根据自身掌握的知识、经验等对分析结果进行整合，制定科学的营销方案，并在实施过程中不断地对营销策略进行调整。

3. 创造吸引用户高度参与的内容

利用人工智能的分析结果，营销人员可以掌握目标群体的年龄、购买力、消费习惯、兴趣爱好等信息，根据这些信息创造能够吸引用户积极参与的内容，为用户带来体验感与参与感，让用户对营销活动保持较高的关注度，让用户真正了解产品及品牌，成为品牌的忠实用户。

4. 跨越多学科和文化

在跨界融合成为常态的时代背景下，营销人员必须不断丰富自身的知识体系，掌握数据科学、文化环境等学科的知识，了解行业发展动态，只有这样才能有效应对复杂的市场竞争。

导致行业变革的因素有很多，例如技术突破、政策调整、需求变化等。面对行业变革，营销人员要积极拥抱变化，主动学习新技能、新模式、新思维。任何事物都有两面性，人工智能技术的应用也是如此，尤其是在人工智能技术与应用尚未成熟的情况下，营销人员在应用人工智能技术的同时也要时刻警惕其负面影响。

第 6 章
落地实战：基于 5G×AI 的营销策略

5G 时代的数字营销创新

随着 5G 通信技术不断发展，人们进入了基于"人工智能＋物联网＋云计算＋大数据"的万物互联的数字智能时代。2020 年 10 月，亿欧智库发布《万物互联时代的操作系统》，报告对我国未来的 IoT（Internet of Things，物联网）连接设备数做出预测：未来几年我国 IoT 连接设备数将快速增多，到 2025 年，将增长到 173.4 亿台，超过世界总量的 50%。万屏互融时代的到来，不但伴随着大量产业和技术上的机遇，也为市场营销注入了创新的活力。

1. 多屏互联与场景协同

5G 技术的发展推动了 AR/VR、4K/8K 技术在屏幕上的应用，能够为用户提供更优质的视听感官体验。除此之外，万物互联也让超高清视频渗透到用户工作和生活的方方面面。因此，企业营销可以运用 AR/VR 等新兴技术将创意内容以视频广告的形式呈现出来，以向受众提供精彩的视觉体验和让用户充分发挥主观能动性为目标，提高消费者对品牌的黏度。不仅如此，营销人员在设计营销方案时还要考虑到不同场景、不同消费者的差异性，为消费者推送个性化的内容，提高转化率。

5G 网络的发展让智能网联设备及应用的连接愈发紧密，促进了营销创意的跨屏互融和场景匹配。广告商的营销活动将打破平台限制，串联多个场景进行多维度的全景式营销，用多样化的广告素材为消费者带来新奇的感受。随着开放交互的大屏交互生态全面包围消费者，广告商可以利用生活中随处可见的屏幕提升消费者对品牌的感知力，缩小消费者与品牌的距离，进一步实现消费者的有效转化。

此外，随着多屏联动有了越来越广泛的应用，营销人员要根据不同场景的特点进行策划，按照屏幕特性设计个性化的营销方案，用屏幕与场景之间协同吸引消费者的关注，打造营销新模式。

2. 情感化智能

在营销活动中，创意与智能技术联合才能呈现出最佳效果，在品牌和受众之间达成共识。随着 5G 技术迅猛发展，深度学习持续优化升级，人工智能设备对受众需求和偏好的把控会越来越精确。当用户长期使用智能设备并形成习惯后，企业通过对用户行为数据进行分析可以更准确地把握用户的喜好，设计出更贴合用户喜好的广告营销活动。

不仅如此，AI 技术的进步让智能化创意产出成为可能。企业可以利用 AI 技术根据用户不同的兴趣和需求批量化生产和发送能够定时、定向、定点投送给用户的创意。

随着人工智能的发展，智能设备就能以用户喜好为依据提供精细入微的服务，在日积月累的服务中逐渐增强用户对设备的依赖。在物体媒介化、平台多样化的时代，全场景、跨设备、跨平台、跨系统、跨网络的营销方式被赋予了更高的情感价值，依托于科技的营销对用户来说不再只是服务，还可能是陪伴和关怀，人与设备的距离变得更近，这将是品牌利用受众心理设计营销策略的最佳时机，品牌可以通过情感化的营销达到事半功倍的效果。

3. 短周期孵化新消费

在 4G 网络时代，大量 KOL（Key Opinion Leader，关键意见领袖）借助短视频一夜成名，与此同时，移动终端也被广泛应用于人们的工作和生活，用户在互联网上发言的门槛大幅降低，大量经历不同、观点各异的人通过网络输出自己的观点和情绪，这些观点相互碰撞引起互联网圈层文化的大爆发。

与 4G 时代相比，5G 时代的网速更快、触网门槛更低，网络中的社会情绪和族群分化也更加激烈。消费符号、兴趣图谱、所处圈层各不相同的用户将各自聚集组织成大量不同的消费族群，在自己的圈子内活动并诞生许多 KOL。

品牌通常会为满足各个圈层不同的需求而进行垂直细分，在市场上创造出新的消费红利，也会通过邀请符合品牌调性的 KOL 作为代言人来抢占更多市场份额。KOL 为品牌树立品牌"人设"，品牌则反哺 KOL，双方互惠互利，调动各自受众，共同扩大影响力。除此之外，品牌细分加固了圈层内部的品牌营销，企业凭借对圈层用户心理的深入了解能够有效实现用户转化。不仅如此，品牌的持续更新也引发了用户弃旧怜新的思想。在这个时期，把握住机遇为消费者制造沉浸式互动体验并完成品质升级的新兴品牌，将获得与老品牌一较高下的机会，在新消费风口中获取市场红利。

基于 AI 的数字化客户体验

随着数字技术的发展和用户使用习惯的转变，越来越多的企业开始意识到数字渠道已经成为企业获取用户、改善用户体验的关键环节。而且，借助数字渠道，企业能够更便利、更高效地收集用户信息，对企业的运营活动进行调整。

实际上，已经有越来越多的企业管理者意识到，客户的真实需求不仅能够从客户的满意度反馈等信息中获得，还需要从更为隐蔽的客户信息中进行深入挖掘，通过全方位地收集和分析客户的行为数据，提升客户体验以及客户对品牌的忠诚度。

例如，新冠疫情在全球蔓延后，在线办公、在线教育等领域的用户数量急剧增加，语音通话需求和流量猛增。在这种情况下，企业有必要对此进行客户需求分析以及员工培训，有针对性地提升客户体验。再例如短视频以及社交平台上的客户评论和点赞等数据，也能够在一定程度上为品牌的客户维护工作提供参考。

而在以上提到的这些数字化渠道中，企业要想在较短的时间内对海量数据进行收集和分析必须借助人工智能技术。涵盖了数据获取、自然语言处理、机器学习等技术的 AI 系统具有强大的数据采集和分析能力，能够帮助企业理解、满足以及改善用户需求，从而在数字化时代提升客户体验和忠诚度。

1. 优化客户体验

人工智能技术不仅可以应用于对既往事件的分析，更可以应用于对未来趋势的预测。企业要在未来发展的过程中优化客户体验，应该做好以下几步，如表 6-1 所示。

表 6-1　企业优化客户体验的四大步骤

步骤	具体内容
从多个渠道搜集用户信息	例如用户在平台上的评论、搜索记录、浏览记录等，搜集的内容既应该包括用户的主动反馈，也应该包括企业的调查反馈
对与客户体验相关的数据进行挖掘和分析	例如客户对于品牌的印象和看法等
找出影响客户体验的关键因素	对客户情绪和相关因素进行关联分析，找出影响客户体验的几大关键因素
预测结果并制定解决方案	基于已经获得的数据预测用户行为以及产品销量，并针对可能存在的问题制定具体的解决方案

2. 个性化客户交互

在传统的营销模式中，企业各个区域和渠道的团队往往是独立运营的，他们可以基于已有的信息优化本渠道的工作，但与其他渠道之间往往存在较大的信息壁垒，而这对品牌发展十分不利。不过，即使各个渠道之间能够贯通，但如果不借助机器学习等 AI 技术，企业也难以从规模庞大的信息中精准获取用户需求。

因此，企业的营销活动需要尽可能打通所有渠道，确保所有可能影响客户体验的系统相互连接，并利用 AI 技术满足客户的个性化交互需求。

3. 实时运营监控

数字化技术的发展及其在应用层面的推广，催生出大量以数字化技术为支撑的工具。在营销领域，基于数字化技术的交互工具能够在获取用户信息和反馈方面发挥巨大的价值，具体如表 6-2 所示。

表 6-2　基于数字化技术的交互工具的三大价值

序号	具体价值
1	当客户的行为数据预示其忠诚度可能下降时，交互工具的后台系统便会发出预警，提示企业需要采取措施加强与客户的连接
2	根据电商平台客户的购买和退货行为，分析客户的喜好及满意度
3	与传统文字、语音等层面的交互方式相比，视频交互方式往往能够获得更多有效信息

借助人工智能技术，企业能够对运营活动进行实时监控，在决定客户体验的关键时刻进行干预，以个性化的交流和服务方式提升客户满意度和忠诚度。

以用户为中心的全域营销

数字技术的发展不仅打破了时间、空间等层面的限制，使得零售领域的人、货、场三要素被重构，也催生了具有革命性意义的新的营销模式。2016年，阿里巴巴提出"全域营销"的概念。所谓全域营销，就是一种全链路、全媒体、全数据、全渠道的营销模式，是一种由消费者作为中心、由数据作为驱动力的营销方法论，在助力品牌实现营销数字化转型方面展现出广阔的应用前景，以用户为核心的全域营销的内涵如图6-1所示。

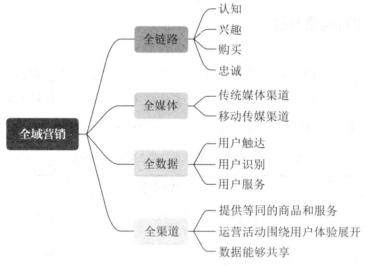

图6-1　以用户为中心的全域营销的内涵

1. 全链路

在营销领域，用户链路可以划分为四个维度，即认知（Aware）、兴趣（Interest）、购买（Purchase）和忠诚（Loyalty），全链路要兼顾以上四个维度。需要注意的是，营销人员在进行全链路分析时，首先需要解读用户与品牌之间的关联度，其次要思考用户在营销过程中怎样做出决策和采取行动。基于全链路的解读，全域营销不仅能够为企业提供具有重要价值的工具型产品，还能助力企业与用户形成行为闭环。

例如，创立于 2015 年的国内首家新零售商超盒马鲜生采用的便是以专注用户体验为核心的全链路营销模式。

一般情况下，用户可以通过两种渠道购买盒马鲜生的商品：一是线下门店，二是线上平台。当用户在线下门店购买商品时，可以根据自己的需要选择直接带走，也可以交由门店加工堂食。当用户在线上平台购买商品时，可以享受平台提供的"3 公里 30 分钟送达"服务。为了让用户获得更好的体验，盒马鲜生平台会在用户订单生成后，高效地一次完成扫码、拣货、传送、打包、配送等多个环节。

由于主打生鲜食品，为了尽可能保证食品的品质和安全，盒马鲜生的线下门店提供加工和堂食服务。这种具有特色的服务不仅提高了线下门店的人气，带给客户更优质的体验，还进一步提高了用户对品牌的忠诚度。此外，对于线上订单，为了尽可能提高订单配送效率、节省人工成本，盒马鲜生配备了专门连接产品陈列区和后仓的传送滑道。

可以看出，盒马鲜生的各个环节都是以用户为中心进行设计，从产品的选购、货品的陈列、拣货的操作、商品的传输一直到订单的配送，充分实现了完整供应链的连贯畅通，在提高运营效率的同时有效节约了成本。

2. 全媒体

移动通信技术的发展以及用户使用习惯的改变使得新媒体渠道的价值愈加凸显。为此，企业要重视移动传媒渠道在营销中的价值。移动传媒渠道与涵盖了报纸、电视等在内的传统媒体渠道共同构成了全媒体传播渠道。目前，以海尔等为代表的国内企业开始建立自己的全媒体传播渠道。

2020 年 5 月，为了表彰徒手爬楼救人的员工胡云川的见义勇为行为，海尔集团决定奖励其一套价值 60 万元的房产，这一"正能量"事件在微博等媒体平台得到了广泛传播。作为国内家电领域的知名品牌，海尔集团在新媒体领域崭露头角后，其媒体运营团队便逐步建立了日益完善的全媒体传播渠道。正因如此，在面对这一事件时，海尔的媒体运营团队才能迅速做出反应，在最短的时间内策划一套营销方案，最终取得了不错的宣传效果。

3. 全数据

大数据时代的到来，使得所有与用户相关的信息均有可能实现数据化，而这也就使得数据在营销领域占据了重要地位。与用户触达、用户服务、用户识别等有关的数据，不仅能够用于改善用户体验，还可以提升品牌销量。当数据应用于用户服务领域，便能够真正实现用户体验的个性化；当数据应用于企业内部，也能够以数字化管理带动企业的转型和变革。

对于企业而言，要充分发挥数据的价值，必须在决策系统与资讯系统之间建立紧密的连接，提升企业决策的灵敏性，使企业决策真正做到从用户需求出发。

4. 全渠道

全渠道营销有三个关键点需要特别重视：其一，线上与线下渠道应该尽可能提供同等的商品和服务；其二，所有运营活动围绕用户体验展开；其三，全渠道的数据能够共享。做到以上三点，就能够保证用户无论通过线上渠道还是线下渠道购买商品均可以获得良好的购物体验。

需要注意的是，企业的全渠道营销需要随着技术的变革以及用户需求的变化进行调整。例如，企业要打通线上线下的会员系统，推动个性化定制服务，以有效提升用户体验和满意度。

5G 时代的数字营销机遇与挑战

随着科技的不断发展和 5G 时代的到来，数字营销在企业推广活动中已经发挥出一定的作用，但目前还无法完全适用于全部产品的营销，需要企业保持理性思维进行审视。如果企业要践行数字营销，就必须充分了解和把握数字营销，例如相关技术的特点、应用条件以及与传统营销的异同等。

在万物互联、信息爆炸的智能时代，人们对传统营销的敏感度越来越低，数字营销将逐步取代传统营销，利用逐渐成熟的 5G、大数据等技术采集和分析大量数据，为人们带来沉浸式营销体验。

以 5G 为基础的数字营销让原本的营销方式和市场形势发生了重大改变，在这种情况下，产品营销既要充分呈现出产品的使用功能，还要通过媒介平台公布产品数据和信息，便于用户了解产品的更新换代情况。在这种情况下，企业对营销人员的能力要求越来越高，企业营销人员不仅要具备常规的营销能力，还必须具备数据分析和技术操作能力，能够利用计算机技术通过网络搜集、整理并分析海量的网民行为数据，筛选出对产品有需求的人群，精准分析这部分人群的消费特征和消费习惯，制定行之有效的营销方案。

5G 技术的发展促进了数字营销的创新和进步，让企业对用户数据的运用更加充分，对消费者购物需求的把控更加精准，对营销方案的制定更加合理，从而获得更大的经济效益。但如果企业不重视品牌建设和品牌维护，只将个性化产品推荐作为营销投资的重点，将会造成严重的品牌形象损失。

除基于计算机技术的网络算法外，工作人员丰富的经验和专业的知识对营销来说也至关重要。企业必须做到数据分析与质化研究并重，通过建设品牌文化实现可持续发展。

随着流量经济逐渐趋于饱和，线上获客难度逐渐增大，线上获客成本慢慢超出大部分企业的承受范围。互联网时代 5G 通信技术的发展带来了先进的云计算技术、人工智能技术和数据管理技术，这些新兴科技将会成为助力企业持续发展的关键。例如，企业可以利用生物特征识别技术获取用户的历史购买数据和消费行为信息，对用户的消费能力做出准确判断，进而制定智能化营销方案。需要注意的是，企业在利用数据制定营销方案时，要确保用户隐私不被泄漏。

在2018年剑桥隐私泄露事件发生后，数据安全问题在全球范围内引起了高度关注。2018年5月25日欧盟出台《通用数据保护条例》（General Data Protection Regulation，GDPR），2018年6月28日，美国颁布《加利福尼亚州消费者隐私法案》（California Consumer Privacy Act，CCPA），进一步加重了广告主对数据隐私问题的不安情绪，人们对数据隐私问题的焦虑在全球范围内扩散开来。

随着5G的日益普及，万物互联的进程越来越快，用户数据越来越多，数据隐私风险也越来越高，因此保证用户数据隐私的安全势在必行。

另外，随着用户的精神追求不断提高，用户在选择产品时对品牌有了更高的标准，要求品牌更具人性化和社会责任感。基于互联网强大的传播能力，品牌的任何不妥行为被上传至互联网后都有可能引发大规模讨论，甚至引爆负面舆论，这给企业的营销部门带来了新的挑战。

5G在提供大量具有价值的数据、给企业营销带来难得机遇的同时，也增大了用户隐私泄露的风险，可能降低用户与品牌之间的信任度，给企业带来新的挑战。如此一来，品牌间的竞争重点就由原本的用户时长变为用户隐私，企业可能需要获取更多的用户数据授权，与用户建立平等关系并提高数据使用的透明度。除此之外，商业活动也可以向用户传递人文关怀，品牌应该致力于打造更加亲民、更有人情味的形象，寻求可持续发展。

总之，5G技术将加速营销行业的变革，为处于流量困境的营销人员带来新机遇。营销人员如果能紧跟5G技术的发展，就有可能获得其带来的技术红利，最终在商业营销竞争中获得胜利。

第三部分
大数据营销

第 7 章

数智变革：大数据时代的新消费主义

数据智能时代的消费变革

随着移动互联网与电商崛起，传统零售业与消费商业正在经历变革，旧的行业格局也正在发生巨变，而且无论是变革强度，还是内容的丰富程度，都是传统商业十余年发展历程中经历的任意一次变革所不能及的。诱发变革的原因就是大数据时代的到来，正是在数据的推动下，新消费主义才能顺势崛起。

在大数据时代，各种经济活动蓬勃开展，互联网技术下的实体产品、信息知识类服务、生活服务等在各种经济活动中实现了有效应用，尤其是在大数据技术的作用下，消费者的购买决策、行动等消费行为发生了新的改变，随之而来的消费模式也产生了新的变革。

英国著名经济学家约翰·梅纳德·凯恩斯（John Maynard Keynes）在其著作《就业、利息和货币通论》（*The General Theory of Employment, Interest and Money*）中提出了一种经典消费理论，即"绝对收入假说理论（Absolute Income Hypothesis，AIH）"，他认为，消费取决于收入，消费心理影响消费行为。

这种消费逻辑是传统消费模式下的典型逻辑。大数据时代催生出新的消费模式和新消费者，传统消费模式不再适用于新的消费趋势，这种新的消费趋势具体表现在消费对象、消费方式、消费制度与消费观念等多个方面。

1. 新消费对象

大数据时代的快速发展催生出了新的消费对象，产生了新的消费结构和消费内容。在消费结构方面，国内居民收入水平的整体上升促使消费对象的消费结构发生了重大变化，表现为从满足生活的物质需求向实现精神需求和追求奢华消费转变。

同时，在消费内容方面，我国食品支出总额占个人消费支出总额的比重不断下降，服务性消费比重大幅上升；消费者的生存资料消费占总体消费的比重减少，弹性消费需求上升。

2. 新消费方式

生产决定消费，生产方式的变革带动消费方式产生新的变革，其中突出表现是"物联网＋"推动了个性化消费、智能化消费和理性消费出现，逐渐发展为时代潮流下的新消费形式。在消费主义流行的时代，"顾客就是上帝"的消费理念深入人心。而进入大数据时代以后，消费者作为参与者和被服务对象在经济关系中占据更加重要的地位。

消费者在传统的消费关系中只是产品的接收者，而在新消费关系中不仅是产品的接收者，更是产品生产环节的参与者，其消费行为发挥着强大的主观能动性。消费者的新消费方式与其消费行为是相互作用、密不可分的关系，这种关系主要表现为消费者的消费观念、行为以及产品的质量、销售方式等发生新的质变。

3. 新消费制度与观念

基于马斯洛需求层次理论，消费者的需求是一个逐渐上升的过程，当消费者满足其生理、安全等低层次需求后，会寻求尊重、自我实现等更高层次的需求。大数据时代的发展为市场经济活动的开展提供了新的契机，在此情形下，服务消费明显提升，产品的技术含量不断优化，从生产领域到流通领域的渠道更加便捷、通畅，促使各项消费参数产生新的变化，服务型消费需求和精神消费需求从消费结构中脱颖而出，成为消费者主要的消费形式。与此同时，相较于传统的消费秩序，新消费秩序正在向公平、公正的方向发展，其消费公平性的实现很大程度上取决于消费渠道的拓宽和各种移动终端设备的普及应用。

在传统商业环境下，由于买卖双方信息不对称，卖方可以利用这种不对称从买方手中赚取更多利润。目前，信息更加透明，流动速度更快，消费者获取信息的途径越来越多，并逐渐在市场上占据主导地位。在这种情况下，消费者的主动性越来越强，可以通过各种方法对不同渠道产品的价格进行对比，在购物过程中不再偏信卖家之言，而更多地听取朋友等的意见与建议。朋友之间的交流与互动也打破了时空限制，借助抖音、微博、微信等社交工具可以随时随地交流、沟通。另外，通过评论区里的信息，顾客也能更好地做出购物决策。在这些社交工具的作用下，用户体验会被无限放大，具有参考性的体验会得到广泛分享、推荐。

在数字化时代，市场话语权转交到消费者一方，产品与体验成为关键要素。由此带来的变化就是：过去，交易完成之后，买卖关系随之结束；现如今，交易完成之后，用户体验才刚刚开始。

新消费主义的内涵与特征

未来商业社会最珍贵的资源可能非数据莫属。2012年2月，《纽约时报》发布一篇报道称："'大数据'时代已经降临，在商业、经济及其他领域中，决策将日益基于数据和分析而做出，而并非基于经验和直觉。"世界著名麦肯锡咨询公司创始人詹姆斯·麦肯锡（James O.McKinsey）也表示："数据，已经渗透到当今每一个行业和业务职能领域，成为重要的生产因素。人们对于海量数据的挖掘和运用，预示着新一波生产率增长和消费者盈余浪潮的到来。"

从文化研究角度看，消费主义是一种增强人的情感的活动。从社会学角度看，消费主义是一种以丰富的物质条件为基础处理人与物之间关系的活动。在大数据时代，不同年龄的消费群体有着不同的参与程度，因为对数字技术的掌握程度不同表现出不同的消费价值观。在新消费主义认知下，各年龄层的消费群体不再执着于商品的价格、数量、商标等，而是将目光投向了产品的类别、购买地点、购买缘由等因素，新消费主义逐渐取代传统消费主义成为消费者普遍关注的新方向，新消费主义的内涵与特征如图 7-1 所示。

图 7-1　新消费主义的内涵与特征

1. 新消费主义的内核是理性消费、成熟消费

工资性收入、经营性收入、财产性收入等可支配收入的增加拉动了消费者日常的消费行为，促使他们的消费行为更加"成熟"。

从某种程度上来讲，品牌是产品性能和价格的代名词，因此产品质量和品牌效益是大部分消费者重点关注的方面。然而，与传统商品的"物美价廉"的内涵不同，现代消费者对"物美"的定义是基于商品需求的多种属性的，也就是说，衡量消费者成熟消费的标准更加多元，不再仅依靠价格等单一因素。同时，新消费者致力于做一个"成熟的消费者"，专注于对商品各方面的信息进行权衡和比较。

2. 新消费主义构建了"概念"消费观

在新消费主义下，消费者拥有强烈的"概念"消费意识，其消费观念产生了新的变化，从追求"物美价廉"到追求"健康""和谐"，这些新追求蕴含着他们对生活方式的追求。在各种概念消费模式中，健康消费、运动消费、知识消费等概念消费深受年轻消费群体的喜爱。

同时，消费者也特外关注"燃烧我的卡路里""小确幸"等生活概念，基于这些生活概念的相关消费也逐渐进入人们的视野。

3. 新消费主义催生体验式消费需求

互联网的迅猛发展及其与各个领域的深度结合给人们传统的生活消费行为和消费方式造成了严重的影响，催生出"线上购买＋线下体验"模式的客观需要。消费者在追求新消费形式过程中，格外关注商品的体验感。同时，在虚拟现实技术的推动下，商品消费模式进一步实现了转型升级。

大数据时代，线上与线下的供给侧结构性改革大步推进，各种融合的体验式消费场景层出不穷，带给消费者更加便捷化、个性化的商品体验。

4. 新消费主义呈现社群化、圈层化趋势

新消费主义下的消费供给侧结构发生了新的变革，以社交方式来黏合消费群体的行为正在蓬勃发展。作为经济发展的一个新态势，消费社交化成为新趋势，用户群体圈层化更加明显。作为消费过程的主动参与者，消费者与企业之间的沟通渠道更加多元化、社交化，企业借助社交媒体也能够与消费者直接互动，并驱动营销渠道交互融合。

此外，社交消费群体呈现出圈层化、分享化的社交属性，年轻群体和高收入群体在其中发挥着关键的引领作用。

5. 新消费主义关联价值经济、共享消费

冲动消费是指消费者在经济、环境、商品和自身收入等外界因素的影响下产生的一种无意识的消费行为，分为纯冲动型、刺激冲动型和计划冲动型三种消费方式，便捷轻快的消费环境和收入的增加是促使消费者进行冲动消费的重要因素。

消费反省时代与消费冲动时代相对而存在，如今有更多消费者想要发挥产品的最大使用价值，为此萌生了共享消费理念，开始致力于追求绿色消费、经济消费、环保消费。

大数据驱动的新消费模式

大数据驱动下的消费新业态、新模式正表现出强大的生命力。特别是在新冠疫情期间，数字经济展现出的强大优势和活力有效推动了人们消费模式的转变，拉动了我国内需的增长。就消费者、企业与大数据之间的关系而言，一方面，消费者大量的消费行为带动了企业对大数据的分析和研究；另一方面，大数据持续地为企业提供有价值的信息，以助力企业制定精准的、个性化的营销方案。未来社会是大数据的社会，新消费行为将表现得更加明显。

进入大数据时代，消费者的消费行为、购买力以及消费市场结构将发生巨变，形成基于时代发展潮流的新消费市场，大数据驱动的新消费模式如图 7-2 所示。目前，中国消费市场的一个突出特征就是数字化，在全球范围内有着广阔的市场规模和快速发展壮大的消费者群体，数据经济形式

更加多元、更加富有活力，消费模式更是层出不穷。

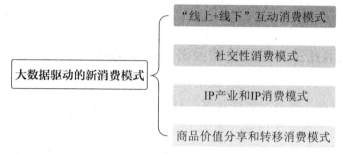

图 7-2　大数据驱动的新消费模式

1."线上＋线下"互动消费模式

在"互联网＋"大环境的推动下，旅游业、餐饮业、住宿业等各种生活性服务消费行业呈现出良好的发展态势，实现了与各种移动互联网设备的深度融合。但随着我国消费结构优化升级，消费领域发生了新的变化，消费者的消费理念变得更加成熟，体验式消费成为最受欢迎的消费形式，O2O 消费模式焕发出新的活力。

在这样的消费驱动下，以百度、阿里巴巴、腾讯为首的中国互联网企业正在积极构建新一代消费模式，即 OMO（Online-Merge-Offline，线上线下融合）的新型消费模式。同时，企业的营销策略也发生新的转变，致力于构建"互联网＋实体渠道"，打通线上线下功能，纵向、横向拓展多种网络商业渠道，综合应用各项实体商业资源。

2.社交性消费模式

在社交性消费模式下，消费者的社交兴趣圈更加多元，是实现消费的"新助手"。社交性消费一个明显的表现形式就是拼团，即通过邀请好友助力来购买商品，或者基于一个兴趣圈由两个或多个消费者以拼团的方式购买商品，这种消费形式在消费者之间、消费者和商品之间形成了强大的聚合效应。

目前，借助微信、小红书、微博等社交媒介开展社群营销，是企业打造高强度互动平台、扩大品牌效应和影响力、塑造自身消费价值、增加粉丝量的一种重要的营销手段。值得注意的是，企业在跟随潮流开展社群营销的过程中，必须把握好营销的"度"，应该始终将产品和服务作为营销的核心，将社交作为一种手段，切莫本末倒置。

3. IP 产业和 IP 消费模式

IP（Intellectual Property，知识产权）原本指的是基于智力性劳动实现对劳动成果的获取并依法享有专门的劳动成果权。同时，IP 又可以作为一种文化资源运用于文化产业的运营发展中。这里的 IP 产品指的是特殊消费概念下的所有消费品，其中的产品设计便是 IP 消费模式作用下产生的营销行为。

以文化产业为例，通过开发大型 IP 内容，可以构建一个涵盖电影、文学、话剧等媒介在内的全媒体互动文化娱乐产业链，为优质 IP 的开发赋能。

4. 商品价值分享和转移消费模式

在消费主义盛行时代，消费者拥有大量的可用商品价值；而在绿色、环保理念得到普及的时代，消费者有了成熟的消费观念，更关注商品的分享价值。在此情形下，共享经济、二手经济等经济模式逐渐盛行。

共享经济是指双方或多方实现闲置资源共享与价值的再创造，是在人工智能、云计算、互联网等新一代信息技术推动下形成的一种新型经济模式。共享经济凭借广阔的发展前景，广泛应用于快递、教育等多个行业，推动从业者数量大幅增加。为了增强消费者与闲置资源之间的联系，释放出商品的最大使用价值，共享单车、共享雨伞、共享充电宝等系列共享消费模式以及 Airbnb 等共享网站平台相继出现，实现了消费者与资源之间、资源与资源之间、消费者与消费者之间资源的直接共享，满足了经济发展的需求。

二手经济的不断发展得益于大量存在的闲置物品，其中，闲鱼和转转是国内两大二手闲置物品交易平台，上面集结了来自各个领域的大量的闲置物品，有着强大的日均用户活跃量。作为一种新的商品利用渠道，二手平台实现了商品价值的再分配和再利用，在转移商品价值方面发挥了重要作用。

基于大数据技术的精准营销

随着移动互联网的普及应用及大数据技术的迅猛发展，建立在移动终端基础上的大数据精准营销成为重要的营销手段。在这种形势下，对于企业来说，如何利用大数据挖掘用户需求、定位目标用户群、构建强有力的营销方案是亟待解决的问题。

简单来说，精准营销就是在合适的时间、合适的地点用合适的方式将合适的产品销售给合适的顾客。而从大数据的层面来看，企业开展精准营销，就是要通过收集、处理、分析数据，从中提取用户需求，形成销售决策，让用户与企业实现双赢。

在大数据时代，大数据技术成为助力企业精准分析消费者、有效把握消费者需求、生产优质产品的得力工具。与此同时，大数据可以助力企业对消费者进行深度分析，对消费者的购买习惯、购买方式及购买行为有全方位的了解和把握，便于对症下药，制定高效、精准的营销决策，推动企业发展。

在人工智能、云计算、5G 等新兴技术的支持下，大数据技术还可以对消费者的生理、安全、社交、尊重和自我实现等物质需求和精神需求进行深入分析，助力企业为消费者提供专业化、精细化服务，满足消费者的各种需求体验，便于企业扩大其市场知名度和影响力，为精准营销提供坚实的技术保障。

相比较而言，传统营销的市场定位比较局限，广告沟通成本比较高，无法有效满足消费者的需求；而精准营销能够基于现代信息技术对市场进行精准定位，实现营销结果的可量化、可调控，有效降低广告的沟通成本，均衡消费者的实际需求与市场发展之间的关系。鉴于此，消费者的消费心理和需求应当成为营销人员重点研究和分析的方向，企业需要综合运用各种营销手段，为消费者提供更加精准化、多元化、一体化的市场营销服务。

1. 用户画像

《孙子兵法·谋攻篇》提到"知己知彼，百战不殆"，这句话同样适用于企业营销活动。"知己"就是明确自身的产品定位和卖点，"知彼"是对竞争对手和目标用户的情况有全面准确了解。做到了"知己知彼"，企业才能根据不同目标受众采取不同的营销策略，直击目标受众的需求点、痛点或兴趣点，顺利实现销售转化。

精准营销的核心是用户画像，即企业对目标用户进行分析，了解用户的需求痛点、兴趣偏好、行为习惯等各方面信息，据此制定合理的营销方案。简单地讲，用户画像就是通过一系列标签（如性别、年龄、职业、收入等）对用户进行描述。

从营销角度看，绘制用户画像的关键是企业从自身产品或品牌定位出发，了解目标用户的相关信息。例如，化妆品企业进行用户画像绘制时应侧重了解目标用户喜欢什么类型的化妆品、是干性皮肤还是油性皮肤等信息，以便能够精准推荐符合用户需要的化妆品。

精准刻画用户画像，需要做好以下三步，如表 7-1 所示。

表 7-1　精准刻画用户画像的三个步骤

步骤	具体内容
数据采集	绘制用户画像首先要全方位收集用户的相关数据。用户数据包括静态数据和动态数据两类，前者如性别、住址、职业、消费水平等比较稳定的信息，后者则包括网页浏览行为、购买行为等不断变化的用户行为信息
分析数据	通过对采集到的数据进行分析，给用户贴上标签和指数。标签表明用户对该项内容有需求、兴趣和偏好，指数代表用户的需求程度、偏爱程度以及购买概率等
综合标签	对第二步中给用户打上的各个标签进行整理，形成对目标用户群体的整体感知与了解

完成用户画像后，企业就可以根据具体场景开展精准营销，向用户推送合适的产品、服务或场景解决方案，借此与用户建立起有效连接和信任关系，最终实现产品销售、品牌塑造、忠诚度培育等营销目标。

2. 预测消费行为

相较于传统的市场营销工作，大数据时代的市场营销工作在原有销售和推广的基础上，有效扩展了时间范围，可以帮助企业准确定位目标客户，了解他们的消费特征和实际需求，使得营销工作有了较强的延续性。基于大数据技术，企业营销人员能够精准分析、研判消费者的各种行为数据，对产品卖点有较为全面而综合的把握，以便于对消费者的消费行为做出提前预判和分析。

从发展的眼光看，未来，企业可以借助大数据技术与相关软件科学预测、分析市场变化，产品设计将更加人性化，更符合消费者的实际需要，产品生产制度将更加健全，销售渠道将更加多元，产品质量也将逐渐优化升级。基于此，企业将大幅度提升整体的经济效益，实现长远而稳定的发展。

消费行为预测是企业开展市场营销工作的基础。消费者与市场营销活动紧密相连，营销人员只有了解产品在消费者心目中的地位，才能够全面把握产品的卖点，做出科学的营销决策。因此，企业营销人员必须以大数据分析技术为基础，深入、细致地分析消费者的消费心理和消费观念，对分析结果进行整合，对消费者的消费行为进行更深入的预测，只有这样才能制定出有针对性的营销策略，为企业的持续发展奠定良好的基础。

第 8 章
品牌重构：数据驱动的品牌传播策略

大数据重塑品牌传播模式

品牌构建要建立在产品的基础上。如果没有优质的产品为支撑，品牌就无法实现长期发展。借助大数据技术，企业可以对消费者数据进行实时采集与分析，获知消费者真实的消费需求与行为，创造出备受消费者喜欢的产品。

在大数据时代，企业的目标消费者设置一改传统的群体化划分的形式，通过分析消费者在购物、资讯、娱乐等多个领域的行为构建全方位消费者画像，准确获取消费者需求，对目标消费群体进行细分。另外，通过对消费者的产品偏好、消费者对产品的评价、产品使用信息等进行跟踪收集，企业可以创新产品设计、优化定价，提升服务质量与运营效率，对产品进行全生命周期管理，为消费者提供定制化产品，完成 C2B（Customer to Business，消费者到企业）商业模式的构建。

从目前的情况看，只有拥有大规模数据的企业才会使用全新的品牌传播流程，例如各种线上平台公司等。这些企业因为拥有海量用户数据，所以无须向第三方购买，可以利用自己积累的数据对用户行为与态度做出科学分析。

企业要想实现更加精准、高效的品牌传播必须要对目标消费群体做出准确定位，使广告实现个性化、关联化传播。在大数据出现之前，企业根本无法实现精准营销，因为技术发展滞后于理念，导致精准营销只能存在于理论层面。自进入大数据时代，企业基本上可以根据大数据分析结果做出品牌传播决策，以提升品牌传播效果，实现精准传播。

随着消费者的购买习惯逐渐改变，消费者与品牌之间的垂直化关系被打破，二者之间逐渐形成了平行互动关系。以此为基础，拥有数据处理能力与使用能力的企业开始对品牌传播流程进行变革，品牌传播的起点从产品转向了消费者。

具体来说就是，企业利用大数据技术获取消费者的真实需求，根据这个需求设计生产产品、创立品牌、明确品牌定位，然后通过对渠道、技术与方法的综合利用对品牌进行精准传播、对品牌传播效果进行监测，最后以监测结果为依据对品牌传播的各个环节进行调整，使品牌传播效果达到最佳。这样一来，宣传式的品牌传播转变为互动式传播。在大数据技术的支持下，企业可以准确找到与消费者互动的入口，增强消费者对品牌的认可，提升消费者对品牌的忠诚度。

例如，企业通过实时监控消费者的网络行为，可以对消费者的心理特征与行为特征进行全面掌握，对其需求与行为做出精准预测，然后借助消费者使用的媒体平台，以平台使用黏性、习惯、频率为依据向消费者推送不同类型的广告，实现广告的精准推送，切实提升广告的传播效果。

现阶段，大数据在品牌传播领域应用的一大成果就是 RTB（Real Time Bidding，实时竞价）广告交易模式。在该模式的作用下，企业可以在海量消费者中对目标消费者做出明确定位，对其开展精准的品牌传播，使品牌的交易模式从购买广告位转向购买目标消费者。

一旦用户进入网站，媒体端就会立即向广告平台发出信号，将用户的访问行为告知广告平台。之后，广告平台就会向广告主服务平台发送含有消费者信息的 Cookies❶。再然后，广告主服务平台就会以广告主设置的投

---

❶ Cookies 的类型为小型文本文件，指某些网站为了辨别用户身份而储存在用户本地终端的数据（通常经过加密）。

放价格、投放对象、投放区域为依据开展竞价活动，对广告位置、广告内容、广告频次等内容做出合理安排。一般来说，整个竞价过程只需 100 毫秒就能完成。

如今，通过对大数据管理平台上的数据进行整合，消费者、市场环境、品牌传播过程等信息都能做到可视化。这样一来，一方面，企业可以方便地获取知名度、忠诚度、美誉度等品牌传播指标；另一方面，企业可以对环境变化做出有效应对，例如企业可以通过收集与天气、国家大事、节日、社会热门话题等相关的数据，制定科学的品牌传播策略，切实提升品牌传播效果。

传统品牌传播面临的困境

进入移动互联网时代以后，传统的传播思维逐渐失效，企业必须借助各种新媒体平台构建一个全新的传播渠道，而且这个传播渠道要实现多层次、多维度、全方位传播。

在大数据时代，技术是一切生产、经营活动的基础，对人们生活做了全面、立体的记录。通过数据处理与分析，社会生活逐渐实现了数据化，为社会转型、消费者定位、媒介融合提供了强有力的支持。从品牌传播的角度看，数据价值挖掘催生了各种类型的应用，这些应用对消费者洞察、传播效果评估、品牌传播路径与方法的选择产生了极其重要的影响。在这种情况下，仅凭传统的数据分析工具与方法，企业品牌传播诉求很难得到满足。于是，对于企业来说，以大数据为基础的新型品牌传播体系的构建就成了当务之急。

企业利用大数据进行品牌传播，首先要整合分散在各渠道中的各种类型的数据，利用数据挖掘技术构建数据模型，对数据进行全面分析，最后根据数据分析结果对品牌传播活动进行指导。在整个过程中，大数据给企业品牌传播带来了极大的挑战，如图8-1所示。

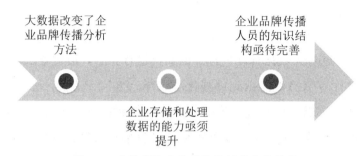

图 8-1　大数据给企业品牌传播带来的挑战

1. 大数据改变了企业品牌传播分析方法

在智能设备日渐普及、新技术不断出现、社会化媒体相继崛起、传播渠道越来越多的形势下，消费者日渐呈现出个性化、分众化、交互性的特点，传播者与接收者之间的界限日渐模糊。

一般情况下，传统的品牌传播多用抽样调查法进行分析，该方法在使用过程中存下以下问题，如表8-1所示。

表 8-1　抽样调查法存在的三大问题

序号	具体问题
1	调查对象主要出自随机抽样的样本，这些样本的调查范围比较小，贸然扩大调查范围又会增加调研成本
2	仅凭调查技术，碎片化时代媒体细分的测量需求无法得到满足
3	整个调研过程（开始调研——输入调研资料——资料统计——资料分析——得出结果）耗时非常长，结果也需要事后分析得出

以全体数据、相关关系为基础的大数据思维给品牌传播分析提供了一种新思路、新方法，改变了企业品牌传播分析方法，并为其提供了有效支持与助力。借助大数据技术，品牌可实现精准传播、个性化传播，传播过程中的要素基本上都可以实现定量跟踪与测量。例如通过全方位跟踪，消费者情绪、消费者思维以及消费者反馈等都可以实现数据化。

2.企业存储和处理数据的能力亟须提升

在大数据时代，数据规模从 TB 级增长到了 PB 级，各种结构化、非结构化的数据在各个渠道产生并累积。在这种形势下，品牌传播面临了两大问题：第一，如何获取大规模的数据信息；第二，如何在最短的时间内对数据进行智能化处理，获取数据的潜在价值。

想要解决这两大问题，企业不仅要引入专门的数据库技术和数据存储设备，还要使用专门的数据分析方法和应用体系。但从目前的情况来看，互联网环境下产生的数据的规模过于庞大，仅依靠传统的数据管理技术与架构，企业已无力承载。但对于大多数企业来说，提升数据（尤其是非结构化数据）的采集、存储、分析、处理能力，构建一种全新的数据管理模式是企业品牌传播面临的一大难题。

3.企业品牌传播人员的知识结构亟待完善

在品牌传播过程中，每一个运用大数据的环节都需要专业人员提供支持。另外，对海量数据的分析不能只停留在把握数据规律与建立模型层面，还要全面提升数据管理能力。例如在收集数据的过程中，由于数据源比较复杂、并发数比较高，所以企业要对品牌相关数据的采集量、采集面、采集速度做出合理设定，以制定科学合理的品牌传播策略。

但在实际应用过程中，某些品牌传播人员没能对大数据运行原理与方法做出充分理解，导致企业对大数据的应用受限，大数据的潜在价值无法得到充分发挥。此外，专业大数据人才的缺乏也给企业大数据应用带来了极大的挑战。

在大数据时代，品牌传播人员的知识结构缺陷将会给企业的品牌传播带来了诸多困难，该问题主要表现为：品牌传播人员都知道大数据非常重要，却不了解大数据使用方法，使企业利用大数据开展品牌传播的想法很难实现。

基于大数据的品牌传播体系

在大数据时代，企业要想将大数据引入品牌传播，构建一个全新的品牌传播体系，必须从思维、人员、管理等方面着手进行创新，图8-2所示为基于大数据的品牌传播体系。

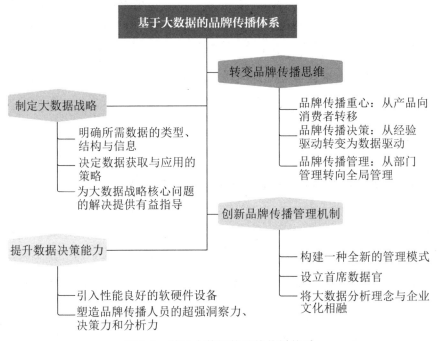

图 8-2　基于大数据的品牌传播体系

1. 转变品牌传播思维

在大数据时代，企业想要进行品牌传播必须转变思维，构建与大数据时代相契合的品牌传播思维，以更好地利用大数据创造价值。企业品牌传播思维的转变主要体现在以下三个方面。

（1）在品牌传播重心方面，要从产品向消费者转移

在社会化媒体的作用下，企业形成了一种全新的信息生产与传播模式，品牌主逐渐失去了话语权，消费者逐渐掌握了信息选择权与发布权。企业将大数据与这种思维转变相结合，可以对消费者需求进行深入挖掘，使其需求得到充分满足，对与消费者的品牌互动进行有效把控。

（2）在品牌传播决策方面，要从经验驱动转变为数据驱动

在这个过程中，决策主体逐渐转变为社会大众。具体到品牌传播方面就是，企业借助大数据技术将消费者行为公式化、数字化、模型化，为决策者提供强有力的技术支持，为品牌传播决策提供无限可能。通过这种事前预测，企业可以有效保证品牌传播的安全性，让品牌传播形成固有的规律，以降低各种风险，例如品牌传播战略与定位不符、投资回报率低等。

（3）在品牌传播管理方面，逐渐从部门管理转向全局管理

为品牌传播决策提供支持的数据可能同时来自线上与线下，这些数据存储于不同的部门，企业内外界限被彻底打破。在这种情况下，企业品牌运营者必须具备以数据流为依据变革企业管理模式的思维。

2. 制定大数据战略

企业要想进一步推动品牌传播创新，必须制定科学的大数据战略，对相关数据进行有效收集、整理、分析。这就要求企业必须对利用大数据开展运营、开发产品、传播品牌以创造价值的方法进行明确。

大数据规模庞大，给企业存储、挖掘带来了一定的困难。同时，大数据更新速度快、周期短，需要企业做好保存、管理与利用等工作，以免因为存在虚假信息或遗漏信息导致信息传播出现错误。为此，企业必须根据自身特点及品牌定位对所需数据类型、数据结构、数据信息进行明确，为其配备所需硬软件，为基础问题提供有效的解决方案。

企业要根据数据类型决定是自建数据中心系统，还是与第三方数据运营公司合作，或者同时应用这两种方式。无论企业通过何种方式获取数据，都必须对数据进行系统分类，制作详细的数据目录，提升数据分析处理的效率和稳定性，对消费者心理和行为做出全面且准确的分析。

此外，企业要明确数据应用渠道、应用方式及其在各领域的应用价值，为战略核心问题的解决提供有益指导。而且，企业要以大数据发展趋势为依据制定品牌传播目标与规划，为战略前景问题的解决提供有益指导。

3. 创新品牌传播管理机制

在大数据时代，企业要想做好品牌传播必须搭建一个完整的组织结构和科学的管理机制，以提升品牌传播效率，实现精准的品牌传播。另外，企业还要创新品牌生产流程和品牌组织管理流程，从根本上实现品牌传播的创新。

为实现品牌传播管理机制的创新，企业必须构建一种全新的管理模式。一方面，企业要掌握将海量数据转化为数据资产的能力，将数据管理能力打造成企业的核心竞争力；另一方面，企业要提升数据分析能力，让数据分析结果指导企业的内部管理与业务运营，在运营管理中培养使用有效数据的习惯，真正实现数据驱动管理。

为此，企业需要设立一个专门的岗位——首席数据官，对海量数据资源进行整合，打破组织之间的隔阂，构建一个多部门融合的大数据运营团队，以提升数据管理、应用的质量与效率。首席数据官不仅要擅长使用大数据分析工具进行数据分析，还必须熟悉企业的运营流程，让数据分析结果更好地指导企业的运营管理。企业可以从各部门、各岗位选拔优秀人才组建运营团队，也可以设立专职人员组建运营团队。

另外，企业要将大数据分析理念与企业文化相融，让员工明晰数据分析与品牌传播之间的关系，明白在大数据的支持下企业运营目标能够更好地达成，从而在企业内部形成数据驱动决策的良好文化氛围。

4. 提升数据决策能力

企业要想从海量数据中挖掘出有价值的信息，不仅需要引入性能良好的软硬件设备，还要求品牌传播人员具有超强的洞察力、决策力和分析力。

例如品牌传播要求精准，而大数据却比较模糊，面对这一矛盾，企业怎样才能在全局模糊的大数据处理中实现品牌的精准传播呢？大数据处理具有连续性的特点，基于这一特点，消费者行为记录可以转变为消费者行为预测，企业要如何应对这一变化，做出合理的运营决策呢？在不同人眼中，同样的数据具有不同的价值。品牌传播人员必须与时俱进，全面掌握大数据相关知识，切实提升自己的数据决策能力，从而对数据价值做出敏锐且科学的判断。

大数据为企业品牌传播策略的调整与创新提供了强有力的技术支持，为品牌传播带来了巨大的价值。同时，在大数据环境下，企业的品牌传播也面临着诸多问题，例如数据虚假、数据无法匹配精准传播、用户数据买卖引发消费者反感、数据管理不安全等。

总而言之，企业只有顺应时代发展形势大力推行大数据战略，围绕消费者构建与时代发展特征相符的品牌传播体系，才能从海量数据资源中提取出对品牌传播有益的内容，为品牌传播提供有益指导，在竞争激烈的市场上占据一席之地。

数据驱动的社交媒体营销

美国数字营销专家拉里·韦伯（Larry Weber）在《社会消费网络营销》一书中指出，大数据包含了社会化媒体用户行为与关系信息、客户基本信息、包含时间与地理位置在内的场景信息等诸多内容，支持企业对目标用户的行为轨迹进行实时追踪。基于大数据的智能广告系统将通过对目标用户数据进行分析，在合适的时间与地点向目标用户推送可以满足其个性化需求的定制内容。

1. 基于数据挖掘的精准投放

基于大数据的智能广告革命正在以不可阻挡之势迅速席卷全球，一些在朋友圈内持续刷屏的广告方案，可能并非出自有多年经验的广告大师，而是由智能系统设计而成的。

以社交巨头 Facebook 为例，该公司构建了一个能够为客户提供精准信息投放的智能广告系统，当广告主将产品的相关文字、图片、音频、视频等内容上传至智能广告系统数据库后，在目标用户使用 Facebook 时，智能广告系统就会基于对用户当前场景中的实时消费需求的分析，为其推送个性化的营销内容。

事实上，目前，通过监测数据为企业行为及决策提供指导已经被广泛应用到了各行各业，例如很多连锁品牌在开设线下门店时，会先对目标用户集中分布的地区及消费需求进行分析，在此基础上决定门店选址、装修及运营。

美国零售巨头 Target 将大数据应用到自身管理及运营之中。针对母婴用户这一高价值客户群体，Target 通过统计迎婴聚会登记信息，建立完善的怀孕预测指标体系，对目标用户的怀孕情况进行精准预测，从而让营销人员可以先于竞争对手向怀孕顾客推送母婴用品折扣信息。目前，Target 已经将根据大数据对顾客进行精准内容投放应用到了所有品类的产品营销推广之中，经营业绩得到了显著提升。

大数据将对营销行业产生颠覆性影响，它使广告商能够从海量的离散数据中寻找有价值的信息，把握不断变化的市场环境与用户需求，为企业制定完善的营销解决方案。在这个过程中，全方位搜集并分析用户数据非常关键。在所有的用户数据中，企业尤其需要重点把握用户社交数据。

社交数据可以让企业掌握目标用户对什么事物感兴趣、有怎样的生活习惯等，有助于企业通过为目标用户构建合适的场景实现定制营销，降低营销成本，提高用户体验。

2. 借助群体智慧激发创意

在社交媒体中，智能广告不再像传统媒体广告一般开展硬性推广，而是弱化商业色彩，以各种有趣的故事或游戏为媒介在无形中影响消费者的消费决策。

以雀巢公司为"笨 NANA"雪糕投放的社交广告为例，雀巢冰淇淋业务部门在腾讯游戏平台上推出了多款 flash 游戏。例如以"笨 NANA 岛"为主题的养成游戏《神奇游戏》，该游戏让用户通过养育可爱的小猴子来穿越森林，笨 NANA 是游戏中的一种道具，用笨 NANA 喂食小猴子可以增加小猴子的能力，使其学会各种神奇魔法，从而更顺利地穿越森林。

大数据分析使企业的广告营销获得更多的创意与灵感。媒体并非单纯的信息传播者，更是移动互联网时代数字生态链的重要组成部分，对产品销售有着直接影响。

互动性是智能广告的一大主流趋势。在互动广告方面，Nike 的做法值得学习借鉴。

Nike 推出的一项鞋子定制活动，让用户以图片的形式上传一张自己感兴趣的鞋子样式，然后 Nike 会根据图片内容为用户设计鞋子图样。如果用户对鞋子图样满意可以直接在线购买并支付，一段时间后将会有快递员送货上门。

Nike 在日本为其"Nike Free Run+"跑鞋用户推出了一项定制活动，用户只要在摄像头前模仿鞋子的造型做一个鬼脸就可以参加该活动，活动方将会对用户的相关图片进行评选，获奖用户将会获得数额不等的 Nike 代金券。

从本质上看，追随消费者的脚步，了解其消费需求，在不干扰消费者的基础上满足其需求，为消费者创造价值，应该是营销人员永恒的追求。像 Nike 一般让用户参与鞋子设计，不但不会干扰用户，反而会给用户带来新颖的消费体验。

总而言之，善用消费者创意，充分发挥群体智慧，不仅可以让企业获得源源不断的创意与灵感，还可以让消费者获得更多体验感、成就感、满足感，让其购买产品或服务的同时，享受到优质的购买体验。

3. 制定有效的沟通策略

通过分析用户数据，为企业和用户制定科学合理的沟通策略也非常重要。人们在社交媒体中分享的文字、图片、音频、视频等内容，往往能够反映其消费偏好。社交媒体为企业提供了一种与消费者进行低成本情感交互的工具，在营销推广中扮演着不可取代的角色。

过去，人们想要购买一款冰箱时，通常会先到周边实体店中了解情况，对多家门店中的冰箱进行对比后，最终才制定消费决策。但如今，人们可以通过智能手机随时随地了解其他用户关于冰箱的评论建议，帮助自己制定消费决策。

人们在社交媒体上的广泛分享，使消费决策的制定有了更多的依据。同时，社交媒体也在积极引导人们传播分享。为了保证传播分享的效果，社交媒体平台必须对内容质量进行有效把控。目前，百度、阿里巴巴、腾讯、今日头条等均推出了内容补贴策略，为优质 UGC 内容创作者提供资金、流量等诸多支持。

借助社交媒体，企业和消费者之间的交流互动变得十分频繁，越来越多的企业开始认识到与用户交互的重要价值。社交大数据为企业的营销推广提供了有力支持。通过挖掘数据背后的联系与规律，企业能够制定更科学合理的营销战略。

在信息过载时代，人们面对的信息太多，但真正了解到的信息又相对有限，大量营销内容无法高效精准地推送给目标用户。企业通过对社交大数据进行分析，不仅能够了解用户，满足其个性化需求，还能挖掘用户的潜在需求，引导新消费需求，为企业创造更多利润增长点。

第 9 章
自动化营销：存量时代的获客增长法则

自动化营销：数智驱动新增长

在互联网全民化时代，人们获取资源的方式和渠道变得多样化，流量阵地和用户触点不再集中，传统的营销推广方式逐渐在市场竞争中落败。在崇尚个性化定制服务的互联网时代，"广泛撒网＋重点培养"的营销方式已经无法低成本、高效率地实现客户转化，客源不足逐渐成为行业难题。

随着互联网用户增长趋缓、流量红利逐渐流失，如何精准定位目标客户、满足客户需求、监测追踪营销效果、节约成本、提高 ROI 等问题开始备受关注。在这种情况下，自动化营销走进营销人员的视野。

在大数据背景下，部分营销人员开始利用数字营销为客户提供个性化的内容、活动和体验。基于数据的营销能够沉淀用户数据、精准匹配用户需求，还能在社交媒体等平台上推出独特的产品、内容和活动，开展个性化营销，建立跨业务团队，明确活动目标，进一步对所需数据进行深度挖掘和分析，找到有价值、可以使用的数据。

目前，企业可以根据自身需求整合营销自动化工具，自动执行批量群发邮件、管理端到端以及全渠道营销活动等操作。下面对营销自动化的定义、营销自动化的核心价值、营销自动化的目标和优势进行详尽阐述。

1. 营销自动化的定义

营销自动化（Marketing Automation，MA）指的是运用以大数据为基础的云端软件自动完成具有重复性的营销任务，达到跟踪衡量营销效果、提升企业生产力的目的。营销自动化可以解放大量营销人员，让他们将工作重点放在制定营销策略、绘制客户旅程、规划工作流程等具有创造性的营销活动和营销决策上。

营销自动化是企业优化市场营销流程、实现营销环节自动化和判断营销效果的工具，它通过与客户交互收集客户数据，对客户数据进行分析，根据数据分析结果绘制精准的客户画像，根据客户画像为其定制营销策略，从而开展精准营销，引导客户做出购买决策、完成购买、与企业开展下一步交互。企业通过与客户的交互再次收集客户数据，从而形成一个营销闭环，通过一次次的循环优化完善营销活动。

营销自动化的工具和方式多种多样，既可以利用简单的工具为品牌提供推广服务，也可以组合多种工具和程序对端到端的流程和营销活动进行管理。企业可以按照自身的实际业务场景选取合适的营销自动化软件。具体来说，自动化营销软件具有以下功能，如表 9-1 所示。

表 9-1　自动化营销软件的四大功能

序号	具体功能
1	企业可以对用户的网络行为进行追踪、分析，锁定潜在客户，预先掌握客户的购物需求与偏好
2	企业可以获知用户在网站上的所有行为，包括碎片化行为，从而为用户提供个性化的服务，有针对性地向其推送品牌信息，以增强用户的参与度、提升用户的转化率
3	企业可以对客户行为与偏好进行分析，并在此基础上向客户推送符合其需求的信息，通过与客户交流挖掘更多信息。另外，企业还可以以客户兴趣分析为基础，借助自动化营销，找到最有转化潜力的客户，将其交由销售人员跟进
4	借助数据驱动的营销手段与技术，自动化营销可以帮助企业对客户数据、交易数据进行分析、预测，帮助企业提升整体决策能力与运营能力，促使企业利润实现大幅增长

2. 营销自动化的核心价值——驱动企业市场增长的新引擎

营销自动化主要有以下三个方面的核心价值，如表 9-2 所示。

表 9-2　营销自动化的三大核心价值

核心价值	具体表现
营销管理数字化	以数字化的方式管理各个营销场景，对数据进行整合与沉淀，为用户数据的精细化分析和运营提供便利
营销过程自动化	通过预设工作流模式，自动链接各个营销环节和营销场景，用技术和工具代替重复性的人工劳动，大幅降低企业的人工成本
营销内容精准化	通过建立智能用户标签细分客户群体，为客户提供定制化服务，实现客户的精细化运营和精准营销

营销自动化应用的内驱力主要有以下几点，如图 9-1 所示。

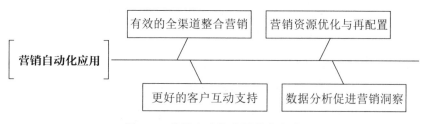

图 9-1　营销自动化应用的内驱力

（1）有效的全渠道整合营销

随着互联网快速发展，小程序、直播电商、微信公众号、企业自有App 等丰富多样的新触点随之出现。在营销方式上，原本以单一触点或多触点为营销途径的邮件营销、电话营销等逐步转向全渠道营销和整合营销。营销自动化工具可以实现对营销触点的全方位渗透，采取"线上＋线下"的营销模式，大力辅助企业实施全渠道整合营销战略。

（2）更好的客户互动支持

营销自动化能够预先根据不同客户群体的特点制定沟通话术和内容，并利用客户标签向不同的客户自动推送个性化的营销内容，还会制定基于用户决策的营销策略继续进行推广，借助定制化的沟通互动优化客户体验。

（3）营销资源优化与再配置

营销自动化工具可以代替人工完成许多复杂且重复性的营销工作，既能让营销团队将营销工作的重心放在更具价值的营销策略和客户互动等方面，也可以降低人力成本，让企业将更多资金用于营销活动来换取更高的收益。

（4）数据分析促进营销洞察

营销自动化可以利用埋点、监测等工具收集和管理大数据，并通过分析用户数据、挖掘用户行为实现数据驱动营销。

3. 营销自动化的目标和优势

从企业层面看，自动化营销究竟能给企业带来哪些好处？营销自动化的主要目标和优势是什么？具体如图 9-2 所示。

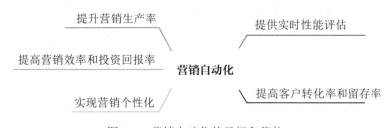

图 9-2　营销自动化的目标和优势

（1）提升营销生产率

自动化项目的基本目标就是降低在重复性劳动任务中的人力投入，将节省出来的人力资源投入到难以实现自动化的富有创造性和想象力的工作中。营销自动化的目标也是如此，用机器代替人来完成重复性的营销任务和现有的客户进行互动，将人力资源分配给营销战略、营销报告、营销改进、工作规划、营销效果监测、数字客户体验地图等更核心的工作。

（2）提高营销效率和投资回报率

企业如果采取由营销人员和销售人员跟踪已有客户和潜在客户、并与之互动的方式发掘客户资源，将会面临获客效率低、获客成本高的情况，还可能失去一定的竞争优势，导致 ROI 大大降低。当企业将大量人力资源用在重复性工作中时，将会出现人力资源的浪费，最终制约企业的发展。

营销自动化能为营销工作带来许多便利，在潜在客户转化工作中，能够自动、批量地完成识别客户、推送电子邮件、细分潜在客户等工作任务，同时还可以实施客户反馈调查、捕获客户响应等，既可以大幅提高营销效率、减少人力劳动，也可以通过将人力集中投放到更具影响力、创造力和战略性的工作中的方式拉高营销团队的 ROI。

除此之外，营销自动化也为营销团队的员工提供了更多学习时间和学习机会，让员工实现自我价值的提升，通过员工满意度的提高有效降低员工流失率。

（3）实现营销个性化

在追求个性化的时代，采取个性化的营销手段非常有利于培养潜在客户。营销方充分利用大数据分析整合用户数据可以精准把握受众偏好，营销自动化也为营销方与受众开展个性化沟通提供了极大的支持。

CRM（Customer Relationship Management，客户关系管理）系统与营销自动化系统结合可以深度分析客户需求，为营销方提供能在细分市场发挥重要作用的受众洞察，在恰当的时间向潜在客户推送内容。

（4）提供实时性能评估

营销自动化系统中的打开率、点击率等实时营销数据是营销人员分析市场营销效果的参考资料。营销人员可以通过分析上述数据获取用户需求和偏好等信息，有针对性地调整和优化营销策略。

（5）提高客户转化率和留存率

如果企业能够针对潜在客户的需求和偏好进行个性化营销，就能吸引潜在客户，其中一部分产生购买兴趣的潜在客户会转化为客户。企业可以利用营销自动化继续了解客户，定期推送信息、策划营销活动并与客户互动，提高客户转化率和留存率。

自动化营销的客户旅程设计

客户旅程（Customer Journey）指的是客户在认识、了解、对比、购买产品或服务的过程中与品牌互动的全过程。下面我们对企业如何在营销自动化场景中借助客户旅程打造优质客户体验进行具体分析。

一方面，在根据客户旅程完善营销策略的初期阶段，企业通常采取整合客户全流程接触点的方式改善客户旅程中的核心痛点，同时制造一个或多个客户"尖叫点"，为客户提供更优质的体验。但在进入互联网时代后，企业与客户的接触点变得异常分散，接触点数量急剧增长，企业能够以客户旅程为依据对线上、线下渠道的所有用户触点进行整合，提供全渠道无缝隙的客户体验。

另一方面，市场逐步从供给侧向需求侧转移，营销方将采取场景营销策略，在生活场景中吸引、触达客户并与之建立连接，客户不再需要花费大量时间和精力了解品牌和产品，于是客户价值成为影响客户体验的重要因素，企业也会根据客户全生命周期价值设置全新的客户体验场景。

那么企业应该如何搭建"自动化营销"旅程呢？对数字化运营实践进行分析可以得出"自动化营销"旅程搭建和落地的三个步骤，具体如图 9-3 所示。

1. 设定营销目标

企业要确定每段旅程的核心运营目标，设定的目标要涵盖策略测试、客户关怀、用户领券消费等方方面面，在营销旅程中将这些目标作为数据驱动的重点指标，并对目标的完成情况进行分析，根据分析结果不断地进行完善。

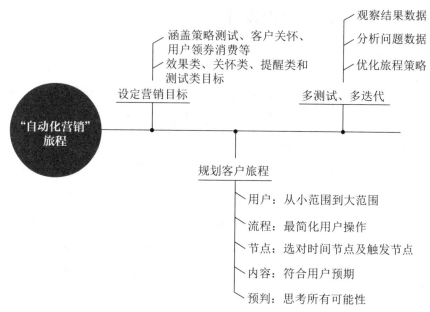

图 9-3 "自动化营销"旅程搭建和落地的步骤

常见的自动化旅程营销目标如表 9-3 所示。

表 9-3 自动化旅程营销目标的四种类型

目标类型	具体目标
效果类目标	有具体的效果数据为支撑，目的是达成效果
关怀类目标	希望提升用户好感度、信任度等关怀型互动体验
提醒类目标	根据用户行为，时间触发式地进行提醒
测试类目标	以 A/B 测试为主要目标的旅程，如验证策略有效性

效果类、关怀类、提醒类和测试类都是比较常见的自动化营销的营销目标，实际上，一个营销旅程有时也会有多个目标，例如在 A/B 测试中，相关人员不仅要关注测试结果，也要考虑如果有多个目标应该如何处理。

当一个旅程中出现多个目标时，营销人员也要找到唯一的目标进行数据分析。如果是测试类旅程，就要将重点放在两个分支的测试差异上，重视不同测试条件的优化；如果是效果类旅程，就要将重点放在整个旅程的转化数据上，重视各环节转化数据的优化。围绕目标展开优化，确保旅程设计的精力集中。

2. 规划客户旅程

设定好目标之后，要在用户视角中接受目标的指引，对客户旅程进行设计规划。客户旅程规划质量直接影响着客户旅程完成效果以及后续转化效果。以下几项是用户旅程的设计重点。

（1）用户：从小范围到大范围

目标与用户群体之间是一一对应的关系，因此营销人员规划客户旅程时要先确定旅程针对的用户群体。如果目标是提高用户的活跃度，那么对应的用户群体应该是沉默用户和流失用户；如果目标是促进消费，那么对应的用户群体应该是不活跃用户。

选择用户的标准是企业自行设定的，但要为最终效果考虑，企业可以将标准设定范围缩小，选择此次旅程的直接用户，这样能够在扩大营销范围前打通整个客户旅程、完成效果测试、逐渐添加细节，在后续将大量用户作为选择标准时也能按部就班地执行。

（2）流程：最简化用户操作

自动化营销是为了企业和用户实现良好互动，但与点击、输入和失去相比，用户通常更偏好滑动、选择和获得。因此企业在设计自动化营销时要考虑到此类用户偏好，有效引导客户，防止用户因为操作流程复杂而拒绝参与或者中途放弃。

（3）节点：选对时间节点及触发节点

自动化营销要将选择恰当的时间节点和触发节点作为重中之重，时机的选择直接影响着用户在自动化营销旅程中的转化。以客户满意度报告为例，在用户刚离店还保有对产品和服务的印象和情绪时发送要比在用户离店几天后再发送更容易达成目标，这正说明了选择时间节点的重要性。

（4）内容：符合用户预期

内容指的是消息推送、生日提醒、领取优惠券等各类利用自动化营销旅程实现的企业与用户之间的互动。企业要站在用户的角度设计符合用户在当前场景中预期的互动内容，引诱用户打开内容参与互动。

（5）预判：思考所有可能性

自动化流程设计不仅要设定好流程、节点和内容，还要做好行为预判和管理，回顾整个旅程的设计，看看是否还有遗漏的场景，例如：

● 如果用户没有点击短信中的链接进入小程序，要怎样领取优惠券？

● 是否需要设置小程序内消息通知？

● 新产品上线时，是全员发送通知还是根据上新的门店情况通知部分用户？

● 促进转化的按钮的位置是否是最佳位置，对小尺寸屏幕的手机来说寻找按钮是否需要多次滑动屏幕？

……

企业在进行自动化流程设计时很容易忽视这些问题。如果企业在实际执行时能站在用户角度思考，尽力顾全实际使用场景，就能在后续流程中减少调整频次，为客户提供更优质的旅程引导。

3. 多测试、多迭代

一般来说，用户旅程通常不能一次性达到预期效果，需要在旅程启动后继续以效果数据为依据进行测试和迭代。在数据驱动增长的前提下，企业要对结果数据和问题数据分别进行观察和剖析，持续升级旅程策略，逐步达成营销目标。

（1）观察结果数据

营销人员可以通过数字化客户经营系统与漏斗分析模型的融合应用，将旅程中各节点的用户数和转化率直观呈现出来，利用转化率数据发现、分析并完善那些未达到预期的节点、容易流失的节点以及转化率异常的节点。

（2）分析问题数据

营销人员只能通过数据分析发现异常节点，无法获知节点异常的原因。

为了解决这一问题，营销人员要进入旅程去切身体会，寻找每个节点中阻碍用户完成旅程的因素。每个项目和产品都有可能存在这样的问题，且问题通常隐藏在非常容易被忽视的角落。下面列举一下常见的影响旅程的假设问题，营销人员可以根据这些假设问题逐一排查，如表 9-4 所示。

表 9-4 影响旅程的假设问题

问题类型	具体问题
流程问题	流程设计是否达到当前最优？用户操作流程能否继续简化或优化？流程外是否存在吸引用户跳出流程的因素？
引导问题	能否实现良好的用户引导？关键转化操作是否简便？
内容问题	内容能否吸引用户？能否达到用户当前的期待值？
节点问题	时间周期或者触发动作是否需要再次优化？

营销人员可以在不同的方向分别提出假设，并在实际测试中收集相关线索对这些假设的问题进行验证。

（3）优化旅程策略

A/B 测试可以有效验证假设，营销人员可以利用自动化营销平台中的 A/B 测试工具和报表工具，根据假设的问题方向，设定两组对比实验，找出效果更好的一组，分析验证数据并得出假设的结论，在旅程中应用效果更佳的一组假设中的旅程策略，实现策略优化。营销人员还要在其他各个节点重复以上步骤，优化更多节点，升级自动化营销旅程，力求获得更多更精准的客户数据。

基于 CRM 系统的营销自动化方案

若要实现成功营销，必须要深挖、积累、整合客户资源。但企业在如何准确找到潜在客户和如何转化潜在客户的问题上，往往处于有心无力的状态。企业若采用基于 CRM 系统的营销自动化方案，就能打造企业的数字化资产，实现企业增长。

以 CRM 系统为基础的营销自动化解决方案（如图 9-4 所示）具备线索管理、KPI 管理、微信管理、广告效果管理、客户旅程管理等多项管理功能，能够实现从投放到获客、从线索管理到销售跟进的一站式运营，有助于企业统一管理全渠道的线索和客户，利用数据和算法持续增加获客数量，提升线索转化率，设计可视化数据看板和可视化流程，设置全局性战略架构，并以全触点、全渠道的营销管理和客户识别为基础，以整个用户生命周期为中心，解决用户痛点，实现营销协同。

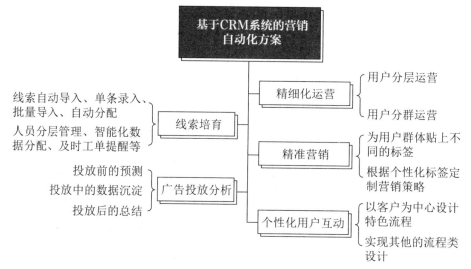

图 9-4 基于 CRM 系统的营销自动化方案

1. 精细化运营

精细化运营主要有用户分层和分群运营两个方向。其中：

● **用户分层运营**：以用户行为和类型为依据区分已流失客户、潜在客户、回购客户、会员客户等客户群，为企业找出目标营销对象；

● **用户分群运营**：以用户需求和偏好等信息为依据区分不同特征的用户群体。

传统的 CRM 系统只能收集和存储客户数据信息和线索，营销自动化解决方案还具备除此之外的许多功能，例如识别用户需求，进行消息触达，能够定时定点、批量化、个性化地向客户推送模板消息、优惠券通知等信息，例如在客户生日前向客户发送会员生日优惠提醒等。不仅如此，营销自动化解决方案还能对客户接收消息后的行为进行监测，支持企业根据用户是否出现预期行为选择再次触发或不再打扰，最后对此次营销活动进行复盘，为营销方案的改进提供依据。

2. 线索培育

线索生命周期管理包括线索转化、线索培育、线索分配、线索评估和线索获取五大内容。CRM 系统缺乏明确的线索来源和数据分析，不能保证分析与管理的准确性。为了优化线索转化效果、提升线索转化效率，企业必须积极思考并解决一些问题，例如如何及时发现和跟进高价值线索、如何辨别无效线索防止浪费时间和精力。

营销自动化与 CRM 系统相融合可以实现线索自动导入、单条录入、批量导入、自动分配以及人员分层管理、智能化数据分配、及时工单提醒等诸多功能，有助于销售团队及时跟进和转化销售线索，实现销售线索的最大化利用。

除此之外，营销自动化还具备监测用户行为的功能，可以根据客户行为进行线索评估，获得分配线索的依据，持续跟进线索培育和线索转化并对其进行记录和打分，以此作为线索价值评估的依据，强化线索评估能力。

3. 精准营销

传统的 CRM 只用于销售，而精准营销除销售外，还能为不同用户群体贴上不同的标签，支持营销人员根据用户的个性化标签定制营销策略，例如利用 RFM 模型向价格敏感型客户推送折扣商品，向追求品牌型客户推送品牌新品。企业以客户价值的评估结果为基础、以人群特征为推送依据执行不同的营销方案，能够取得更好的营销效果。

随着大数据发展越来越成熟，营销自动化可以通过分析不同的营销场景向各类消费者推送符合其消费习惯、兴趣偏好和需求的内容，提升用户触达率，优化客户关系管理。

4. 广告投放分析

在大数据时代，企业仍旧有大量的潜在客户，需要利用大数据挖掘和分析，获取客户的喜好、人群类型等信息，充分掌握用户需求，找到准确的投资方向，但这是传统的 CRM 无法实现的。大数据广告营销主要有 SEM（Search Engine Marketing，搜索引擎营销）和信息流等形式，企业基于大数据分析渠道的占比、转化、ROI、成本、用户量等，以用户属性和行为标签为依据精准投放广告，可以量化广告投放结果，对广告投放效果进行可视化分析。

广告投放分析包括投放前的预测、投放中的数据沉淀和投放后的总结三部分。以 CRM 为基础构建的营销自动化解决方案能够从画面、媒体、转化、受众等多个角度和层面对投放效果进行评估，让企业能够参考透明化的投放数据更好地管理数据资产。

5. 个性化用户互动

融合 CRM 数据的自动化营销平台能够以客户为中心设计特色的流程，例如活动流程设计，包括会议营销场景设计，规划好访客从报名到签到，从参会到反馈的整个流程，以便明确客户定位，与客户进行个性化互动。

除此之外，自动化营销平台也可以实现其他的流程类设计，例如在公众号引导粉丝留资的场景中，公众号会在用户进入公众号填完信息后自动向其推送行业资料、白皮书等内容，实现市场活动执行与追踪无缝集成，有效降低客户流失率。

第四部分
VR 营销

第 10 章
VR 营销：打造沉浸式品牌新体验

虚拟与现实的深度交互

近几年，与 VR 相关的产品大量涌现，使原本仅被专业人员了解的 VR 概念得到了大范围的推广普及，尤其是成本低廉的国产 VR 眼镜的出现，虽然其在功能和用户体验方面存在一定的不足，但对于 VR 概念在我国的大规模推广普及却发挥了远超预期的效果。目前，各大城市的大型卖场、购物中心、电影院等场所几乎都配备了 VR 设备。

世界上最早的 VR 设备早在 1957 年就已经出现，一位名叫莫顿·海利希（Morton Heilig）的摄影师发明了一台模拟现实体验的机器"Sensorama"，该机器能够制造震动、吹风、投射 3D 影像、播放立体环绕声等，其外形和游戏机厅中的游戏机比较类似。人们需要将头伸到机器的空间中，利用三面显示屏体验空间感，从而获得 VR 体验。莫顿·海利希还专门为该机器制作了 5 部特效影片用来让用户体验，影片内容主要是感受驾驶自行车、摩托车、卡丁车及直升机的体验。

莫顿·海利希又发明了"VR 眼镜"，虽然成本略有降低，但携带不方便问题仍未得到有效解决，因为这款"VR 眼镜"必须吊在天花板上才能使用。再加上 VR 内容较少，莫顿·海利希的这些发明未能得到资本家的重视，也没有大范围普及开来。

　　20 世纪末，沉淀多年的 VR 迎来首轮商业化浪潮，当时支持其发展的主力是游戏厂商，但大量的失败案例逐渐让游戏厂商丧失热情，VR 发展又陷入沉寂。近两年，随着 VR 技术不断发展以及硬件成本逐步降低，VR 开始受到企业界的广泛关注。

　　虽然 VR 技术已经经过了几十年的发展，但目前仍处于初级发展阶段，学术界也没有给出明确的定义，比较主流的 VR 概念是：VR 是一种借助以用户为核心的人机交互接口，利用计算机创造出的具有强烈真实感、沉浸感的三维立体交互环境。在相关软件及硬件的支撑下，VR 可以为人们打造一个虚拟的三维立体世界，实时展示实体对象间的相互作用及动态变化，让人们能够和虚拟世界进行交互。

　　VR 具有以下三个方面的特征，如图 10-1 所示。

图 10-1　VR 的三大特征

1. 构想性（Imagination）

　　"构想性"强调虚拟环境是设计者想象出来的，是设计者思想的具体体现，能够被用来完成某种目标。VR 技术并非只是某种传递信息的媒介，或者展示内容的用户界面，在医学、军事、工程等领域有着广阔的应用空间。在创业者及企业的努力下，很多领域都已经出现了专业的应用软件。

VR 技术使人们能够通过一种前所未有的方式来了解世界，能够打破时间与空间的限制，让人们身临其境般地感受过去或未来的场景。同时，VR 能够打破个体生理层面的限制，使人们能够在微观或宏观层面感受世界，模拟出正常情况下人类目前难以完成的事情。

2. 沉浸感（Immersion）

"沉浸感"是指人在 VR 场景中会有身临其境的感觉，会不自觉地将自己和虚拟世界融为一体。在 VR 创造的虚拟世界中，人不再只是旁观者，而是参与者，能够和各种虚拟的道具、人物、场景等进行互动，仿佛位于现实世界中。

VR 使人产生沉浸感的主要原因是：VR 所创造的虚拟世界能够像现实世界一般，让人们产生视觉感知、听觉感知、触觉感知、嗅觉感知、味觉感知等。不过目前由于 VR 技术尚未成熟，基于 VR 技术的虚拟场景主要是让人产生视觉沉浸及听觉沉浸，而且持续使用 VR 设备的时间也受到明显限制。当使用时间较长时，人们会产生明显的眩晕感。

3. 实时交互性（Interactivity）

"实时交互性"代表了用户在 VR 场景中对各种道具的可操作性及和 VR 场景的互动程度。利用力反馈装置、数据手套等技术与设备，用户在 VR 场景中可以产生类似于现实世界中的感觉，可以和各种虚拟物品、人物等进行实时互动交流。

基于 VR 的品牌营销新体验

与媒体相关的技术不断突破，使广大媒体从业者能够积极应用新技术，通过新的载体与渠道向用户传递信息，优化用户体验，提高传播效率。当然，除了媒体机构外，公关、广告、营销从业者对新媒体技术的应用同样十分积极。在盈利需求的驱动下，企业总是尽可能地希望用最新、最潮流的传播渠道来吸引消费者。比如，微博出现后不久，就有很多营销人员在上面发布企业产品及品牌信息，经过多年的运营，部分企业已经建立起了拥有数百万粉丝的官方账号。

VR 技术被应用到营销领域后，也迅速引发了媒体平台、品牌传播者及营销从业者的广泛关注。他们试图找到一种全新的信息传播方式，为广大消费者带来全新的体验。利用 VR 的构想性、沉浸感及实时交互性，媒体平台对赛事传播及直播活动进行改造，给消费者带来了前所未有的极致体验；VR 游戏让很多游戏玩家眼前一亮；VR 影视剧也得到了投资机构的高度关注。

在企业营销领域，广大营销从业者正在积极探索如何充分利用 VR 技术，对企业的产品及品牌信息进行推广，提高产品销量，塑造有较强影响力的品牌。美国未来学家阿尔文·托夫勒（Alvin Toffler）指出，未来人类社会将会从服务经济过渡到体验经济，体验将在消费决策中扮演十分关键的角色，并成为企业打造核心竞争力的重要手段。目前，消费体验已经成为企业赢得消费者信任、沉淀忠实消费者的一大核心因素。

体验式营销（Experiential Marketing）和体验式品牌传播（Experiential Branding）强调利用感官手段推动消费者和品牌交流互动，通过引发用户情感共鸣来强化其对产品及品牌的认知，并影响消费决策。体验式营销和体验式品牌传播在消费者的感官、思考、行动、关联、情感等方面，对营销模式进行重新设计，从消费者的感性和理性双重角度对消费决策产生影响。

近年来，产品功能及使用价值在消费决策中的影响逐渐被弱化，售前、售中及售后等消费全流程体验成为激发用户购买欲望的关键。对消费者来说，是否能买到适合自己的产品固然重要，但如果用户体验不佳，即便产品功能再强大，也不会得到他们的认可。

体验式营销和体验式品牌传播在数十年前就已经出现，逐步形成了相对完善的理论体系，并得到了广大营销从业者的认可及应用。例如购物中心不仅通过丰富的产品及促销打折等方式吸引消费者，在产品陈列、购物环境优化、导购人员培训等方面同样投入了大量资源。而 VR 技术的应用使用户体验更具想象空间，可以让用户在近乎真实的虚拟场景中获得前所未有的极致体验，极大地激发其购物欲望，并促使其主动对产品及品牌进行营销推广。

此前，体验式营销主要发生在线下门店。而 VR 技术所创造的虚拟空间将打破体验式营销的时空限制，让消费者随时随地体验各种虚拟场景。通过智能手机、VR 眼镜、VR 头显等设备，人们将进入一个"全新"的世界。随着科学技术的快速发展以及软硬件产品的不断更新迭代，几乎所有产品及服务都能通过 VR 技术在虚拟世界展示出来，让人们获得全新的体验。

和普通的线上推广产品所不同的是，基于 VR 技术的体验式营销与体验式品牌传播，能够让消费者近乎真实地体验产品，而且 VR 场景所带来的极强的参与感与体验感，能够让人们对产品及品牌保持较高的关注度。从实践来看，人们对使用 VR 眼镜、VR 头显等设备体验 VR 场景时所接触到的产品及品牌信息记忆更为深刻。在提升营销效果方面，应用 VR 技术的体验式营销和体验式品牌传播具有广阔的发展空间。

更为关键的是，VR 技术的虚拟性特征，使企业的营销推广玩法更为多元化，营销人员可以在其中融入更多创意元素，由于现实场景所限的各种天马行空的想法能够在基于 VR 技术的体验式营销与体验式品牌传播中得以落地。

VR 技术在场景营销中的应用

在场景营销时代，VR 技术的场景还原优势将得到充分发掘。从本质上看，场景营销是针对消费者在特定场景中的行为及需求心理而设计的营销方案，其目的是提升产品销量或品牌影响力。

场景营销的关键在于利用场景激发人们的情感共鸣，让人们产生消费冲动。在现实生活中，受生活习惯和心理特征等因素的影响，人们会在特定的场景中产生相应的心理。如果企业能够有效地利用这种心理，就能够有效地对产品及品牌进行营销推广。

以菲律宾宿务太平洋航空（Cebu Pacific）所采用的雨代码为例，该公司通过防水喷漆在路面上喷涂二维码广告，天气晴朗时该广告处于"隐形"状态，一旦下雨就会显现出来。在多阴雨天的香港等地，下雨天很容易让人心情低落，而菲律宾宿务太平洋航空通过二维码广告，向人们推荐阳光明媚的风景名胜信息，吸引人们在阴雨天外出旅游。

如果将 VR 技术应用至该营销方案，就可以让目标群体在下雨场景中，更为直观地体验风景名胜的实时场景，从而和真实场景产生强烈对比，刺激人们产生消费冲动。

情感共鸣是提升用户黏性与品牌影响力的重要途径，而 VR 场景给人们带来的强烈沉浸感，很容易使人产生情感共鸣，对企业的品牌传播具有良好的效果。

VR 场景将使人们对画面的感知提升到一个前所未有的高度，能够还原现实场景的 VR 技术，使线上营销中人与产品、品牌及场景之间的交互性得到大幅提升，激发用户购物欲望，促使用户主动在朋友圈内进行传播分享。报纸、杂志、电视等传统媒体向用户推送的产品信息，让人们体验到的只是听觉、视觉等较少维度的感官刺激，和 VR 技术的 360 度沉浸式体验存在很大差距。

让用户获得参与感与体验感，是企业与目标群体建立情感连接的重要方式。VR 技术凭借在促进用户和企业交流沟通、给用户带来沉浸感等方面的优势，能够为企业引发用户情感共鸣提供强有力的支撑，进一步强化消费者对品牌的认知。

VR 视频具有更强的互动性，有助于消费者对企业产生良好印象，从更多渠道获取产品信息。在传统的视频营销中，人们是从摄像机的角度去了解视频内容，而在 VR 视频中，人们可以自由选择视角，并充分发挥自己的想象力对剧情走向产生影响。在体验这种有趣、新鲜的 VR 视频内容的过程中，消费者对产品及品牌的认识也将获得大幅度提升。VR 视频给予用户选择权，让用户体会到企业对他们的尊重，从而与企业建立良好的信任关系。

除了为企业提供全新的营销方式外，VR 技术作为一种"黑科技"，本身对大众消费者具有较强的吸引力，使企业的营销推广更具科技感与创新性。虽然 VR 技术仍处于初级发展阶段，在营销领域的应用也存在着一系列不足，比如内容同质化、VR 设备体验不佳等，不过其 360 度沉浸式体验与全新的叙事方式将促使企业和消费者进行更深层次的交流互动，这种前所未有的沉浸式体验是传统营销方式无法提供的，因此 VR 技术在营销推广领域的应用前景值得期待。

VR 品牌营销面临的三大痛点

从诸多实践案例来看，VR 品牌传播确实能够有效改善用户体验，让产品及品牌得到大范围的传播推广。尤其是 VR 能够对物体近乎真实般还原的特性，为广大电商企业解决产品及服务体验缺失问题提供了新思路。

不过，VR 品牌传播也存在很多问题，尤其是 VR 技术在品牌战略中的定位问题、物理场景还原与消费者的适配性以及 VR 技术短板三个方面的问题，如图 10-2 所示。

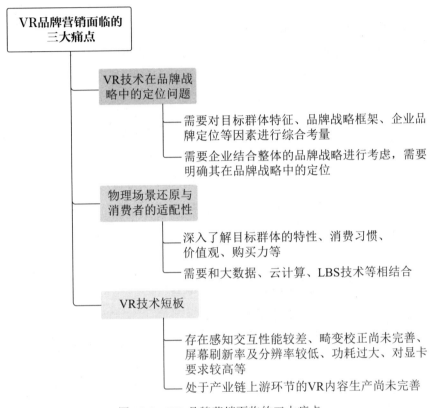

图 10-2　VR 品牌营销面临的三大痛点

1. VR 技术与品牌战略

近几年，新媒体大量涌现，例如微信、微博等社交媒体，抖音、快手等短视频平台。这些新的信息传播渠道吸引了大量品牌商的关注。品牌商纷纷投入大量资源，以便能够抓住短暂的流量红利期，但这种没有经过深入思考、盲目选择新渠道的做法，很难取得预期的营销效果。对于企业来说，衡量新媒体的营销价值，需要对目标群体特征、品牌战略框架、企业品牌定位等因素进行综合考量，而不是盲目跟风。

比如微博崛起后，很多企业纷纷开设微博账号，其中盲目跟风者占了很大比例，它们往往没有思考微博平台的特性是否与企业的营销需求相匹配，更不用说进行完善的战略规划。微博平台诞生之初确实存在海量流量，但这并不意味着企业的目标群体就在使用微博，其用户可能会使用QQ、微信、贴吧、论坛、网络社区等其他媒体。对于企业来说，不考虑用户需求特性、没有进行科学合理的品牌战略规划就盲目选择新媒体绝非明智之举。

VR技术的应用也是这般道理，VR技术确实能够给用户带来更强烈的视觉冲击，更容易引发用户的情感共鸣，对品牌传播推广非常有利。但从品牌营销角度来看，VR技术只是一种营销手段。是否使用VR技术，需要企业结合整体的品牌战略进行考虑，需要明确其在品牌战略中的定位，这样才能确保最终取得预期的营销效果，否则很容易造成资源浪费。

2. 物理场景还原与消费者的适配性

VR技术可以近乎真实地还原物体和场景，但对于品牌传播来说，最关键的是要激发用户需求，如果还原后的场景不能让消费者产生情感共鸣、无法对消费决策产生影响，即便还原出的物理场景能够以假乱真，但对企业品牌传播也没有任何价值。

由于人们的兴趣爱好、受教育程度、从业经验等存在一定的差异，所以，企业使用VR技术还原出来的场景对不同个体产生的效果也是不同的。比如，有的用户可能为充满艺术性的设计而陶醉，有的用户则对充满艺术感的设计难有心理波动甚至会产生不适。所以，企业利用VR技术进行营销推广时，需要考虑到VR场景和用户群体的匹配度问题，深入了解目标群体的特性、消费习惯、价值观、购买力等，描绘出清晰的用户画像，实现高效精准的定制推广。企业在使用VR技术的过程中，为了打造更加符合用户需求的场景，需要和大数据、云计算、LBS（Location Based Service，基于移动位置服务）技术等相结合。

此外，物理场景还原时缺乏社交性，这也是 VR 品牌传播亟须解决的一大痛点。现阶段，人们在获取 VR 内容时缺乏有效的交流沟通，商家没有为用户在 VR 场景中提供互动渠道，这对于品牌传播十分不利。在很多线下或线上营销场景中，消费者通过和他人交流沟通，可以了解更多产品信息，通过向购买过产品的用户咨询找到真正适合自己的产品等。在用户交流互动的过程中，品牌也实现了大范围的传播推广。所以，在未来的营销场景中，营销者需要为用户的交流沟通搭建有效的渠道及路径。

3.VR 技术短板

现阶段，VR 技术尚未成熟，VR 设备生产商布局的领域主要是摄像设备、移动 VR、VR 一体机及周边设备等。无论硬件生产还是技术的商业化应用都处于初级发展阶段，市场中的产品也主要是 VR 眼镜等门槛较低的产品，性能相对较高的 VR 头显设备因为成本过高无法得到大规模推广普及，给企业的品牌传播带来诸多阻碍。

目前，商家在进行 VR 营销活动时要为用户免费提供 VR 设备，但为了控制成本，只能赠送 VR 眼镜这种低端产品，使营销效果大打折扣。和城市中几乎人手一部的智能手机相比，VR 设备的普及率非常低，没有硬件基础提供强有力的支撑，即便再有创意的营销手段也无法发挥作用。

具体来看，VR 的技术难题包括感知交互性能较差、畸变校正尚未完善、屏幕刷新率及分辨率较低、功耗过大、对显卡要求较高等，一系列技术问题的存在导致 VR 品牌传播成本较高，营销效果无法得到充分保障。

从国内 VR 产业的发展情况来看，处于产业链上游环节的 VR 内容生产尚未完善，优质的 VR 内容是绝对的稀缺资源，很多 VR 内容生产团队缺乏专业的人才，一味地模仿抄袭 YouTube、Facebook 等海外内容平台中的 VR 作品。即便如此，VR 内容的规模也远远无法满足庞大的市场需求，想要解决这一问题必须经过长期的积累与沉淀。

第 11 章
典型案例：VR 营销的四大场景实践

商品还原：传递品牌理念与卖点

从实践案例来看，企业界应用 VR 技术进行品牌传播的方向主要包括四种：商品还原、虚拟场景、视频广告、趣味营销。值得注意的是，商品物理还原和场景物理还原经常同时出现在品牌传播中。下面我们首先对商品还原的营销场景及案例进行简单分析。

随着经济不断发展和商品同质化竞争日益加剧，消费者的需求也不断提高。面对同等价格和品质的商品，消费者往往更加期望获得更好的消费体验，而借助于新兴技术的商品呈现方式则能够让消费者获得与以往不同的新颖体验。例如和实物展览所不同的是，VR 技术能够为消费者提供更全面、个性的产品及品牌信息，充分满足用户的信息需求，让用户体会到产品在细节方面的优势。

以汽车行业为例，随着入局者的不断增多，该行业正在经历巨大的变革。与传统的 4S 店展示和销售方式相比，电商平台作为汽车行业新的营销渠道能够借助三维展示等方式带给消费者更加便捷的互动体验。由于三维展示方式融合了计算机、Web3D、VR 等多种技术，不仅能够向消费者全面展示信息，而且可以实现人与车之间的便捷交互，助力汽车营销进入一个新阶段。

例如，荣威在成都车展上将 VR 技术应用到新款车型荣威 360 发布会中，前往现场的用户可以使用荣威提供的 VR 眼镜，以驾驶人的视角了解这款汽车的各个零件，并"驾驶"汽车在草原、城市及街道上体验其性能。当佩戴 VR 眼镜的用户将目光集中到预设点后，可以直接获取荣威 360 的动力、颜色、外观、中控台、显示屏、立体车身等各种信息。

作为汽车行业的知名品牌，宝马、奔驰和奥迪也早已经开始了在 VR 领域的布局。其中，借助 VR 技术，宝马不仅提供了 VR 展示的程序方式，而且支持定制；奔驰则推出 AR 应用，便于用户随时随地看车；奥迪的布局更加完善，诸如全新概念车 ME 的无人驾驶 +VR 娱乐、奥迪 A8 的 VR 车内娱乐系统等均可以给消费者带来与众不同的个性化体验。

实际上，2016 年奥迪针对其高端车型 RS6 推出的"Audi RS6 Avant VR"应用已经能够给用户带来良好的看车体验。借助这款应用，用户不仅能够获得所有与车辆相关的参数信息，浏览车身、发动机等外观细节，甚至可以模拟真实的驾驶过程。不仅如此，借助 VR 等技术，用户在了解这款车型时，甚至可以体验到车辆前后排的不同视野，对车辆空间产生充分感知。

2020 年，在国际消费类电子产品展览会（International Consumer Electronics Show，简称 CES）上，奥迪再次呈现其全新的 VR 应用。与市面上大部分 VR 体验方式不同，借助奥迪的 VR 应用，体验者可以获得车辆在森林、山地等多种不同路况中的行驶体验。

汽车企业将 VR 技术与汽车产业融合应用，其目的不仅在于以线上营销的方式带动汽车的销量，更是为了利用新兴技术改善用户体验，进而改善汽车产业的整体生态。与传统的门店展示和销售方式相比，以 VR 技术为依托的呈现方式不仅可以使消费者足不出户就能够了解心仪的车辆，还能让汽车销售打破场地、人工等方面的限制，全天候面向更多消费者开展。

而且，对于不同品牌的不同车型来说，互动 VR 汽车主题展厅能够更有针对性地展示不同品牌汽车的特性和不同车型的卖点。借助 VR 虚拟现实技术，互动 VR 汽车主题展厅可以为消费者提供互动投影、虚拟驾驶等多种体验，并以三维模型、制作工艺展示等形式为消费者呈现更多与车辆相关的信息，有效提升车辆营销效率。

虚拟场景：身临其境的消费体验

在传统的品牌营销过程中，信息单向传播，企业很难与消费者互动交流，不能及时获取用户的反馈建议并基于用户建议对营销方案进行调整。引入 VR 技术后，消费者可以在近乎真实的虚拟场景中感受产品性能，和企业交流互动，帮助企业提高产品销量，优化用户的购物体验。

例如美国户外品牌 The North Face 曾与 VR 内容制作商 Jaunt Studios 合作，共同推出 "The North Face：Climb" VR 视频。用户使用 VR 眼镜、VR 头显等设备，就可以身临其境般地在尼泊尔雪山、犹他州莫阿布沙漠中进行冒险。当企业了解到用户群体的潜在需求后，就可以针对用户需求，在 VR 场景中设置相应的记忆点，从而在用户体验 VR 内容时刺激其产生购物欲望。

实际上，很多零售品牌可以借助 VR 技术，把相应商品的使用场景融入 VR 全景当中，让用户获得身临其境的使用体验。与传统的线上或线下的呈现方式相比，这种借助 VR 技术的三维呈现方式不仅能够让用户获得更加直观且全面的商品信息和更加生动深刻的使用体验，更能够直接带动相关商品的销量，促使用户成为品牌的忠实粉丝。

VR 全景数字化之所以能够让消费者获得身临其境的消费体验，主要是由于具有以下功能，如表 11-1 所示。

表 11-1　VR 全景数字化的十大功能

功能	具体内容
3D 成像功能	VR 全景数字化的 3D 成像功能能够将线下的消费场景完整地还原到线上，在改善用户消费体验的同时提升品牌的知名度
虚拟现实功能	VR 全景数字化不仅能够对商场的购物环境进行完整还原，其虚拟现实功能还能够呈现线下购物场景所不具备的功能，例如在线留言、关联网页的嵌入等，拉近消费者与商家之间的距离，增强消费者对于品牌的信任
视频嵌入功能	VR 全景数字化具备的视频嵌入功能，可以根据商家的需要或用户的需求嵌入不同的视频内容，例如品牌口碑、服务介绍、促销活动等
多通道分享嵌套功能	VR 全景数字化还能够借助多通道分享嵌套功能将相关内容在官方平台、微博、公众号、短视频平台等进行展示，以便获得更多细分受众，有效提升知名度
智能电子图册	除进行全景展示外，顾客还可以通过智能电子图册详细了解所呈现的内容。通过智能电子图册中关于店铺和品牌的介绍，顾客可以快速了解中意的品牌的相关信息。与传统的产品宣传图册相比，智能电子图册更加环保，使用方式更为灵活
智能地图功能	借助 VR 技术，顾客可以清晰地了解商场中的品牌分布，不仅可以极大地提升顾客购物的便利性，而且有助于强化商场形象
深度互动功能	借助文字、图片、语音以及视频等内容，商场可以向顾客展示其在售品牌、品类以及整体环境等，通过与顾客的深度互动，带给顾客更好的购物体验
移动互联 3D 应用	借助 VR 技术，商场被"转移"到线上，顾客可以通过智能手机、电脑、电视等终端随心所欲地购物，获得更便捷高效的购物体验
营销活动引流	被"转移"至线上的商场同样可以开展丰富多彩的营销活动，例如通过在展示场景中置入红包发放、视频介绍等功能，在为商场引流的同时增强顾客的身临其境之感
智能化的 3D 后台管理	由于借助了多种先进技术，线上商场的设置也更为灵活、智能。在智能化 3D 后台的支持下，商场 VR 全景中的元素可以根据需要进行调整和变换，让线上商场的营销活动具备更强的时效性

综上所述，VR 全景能够给用户带来身临其境的消费体验。借助 VR 技术打造的线上商场不仅在商品展示方面极具优势，而且能够为线下商场引流，最终实现流量变现。

视频广告：提升消费者参与感

在信息传播垄断被打破的背景下，人们不仅想要了解产品，还想了解产品生产过程。对于食品、母婴用品这种相对特殊的产品，企业向用户展示其生产过程更有利于赢得用户信任。过去，出于控制成本、保护商业机密等方面的考虑，企业一般不会组织用户大规模参观生产线以及加工工厂。VR 技术的出现则有效地解决了这一问题。

美国蔓越莓供应商 Ocean Spray 通过向目标群体推送 VR 宣传视频 *The Most Beautiful Harvest*，吸引了大量消费者关注。为了确保在 VR 视频中能够充分展示蔓越莓的丰收场景，VR 视频制作团队使用了多台 GoPro 相机、无人机等先进设备，并在后期处理方面投入了大量精力，让观众使用 VR 设备即可感受到蔓越莓丰收时被无数鲜红的蔓越莓包围的场景。

事实上，此前蔓越莓丰收的独特场景仅有少数人才能亲身感受。在 VR 技术与设备出现之前，Ocean Spray 为了让用户体验这种场景，每年只能邀请少量用户前往产区参观。如今，Ocean Spray 通过制作 VR 短视频，使广大民众利用 VR 设备也能体验该场景，在带给消费者体验感、参与感的同时，对其产品及品牌传播也产生了积极影响。Ocean Spray 制作的 VR 短视频不仅在蔓越莓主产区北美获得了大范围传播，也在亚洲、欧洲等地有着极高的播放量。

麦当劳曾与英国 VR 公司 Make Real 合作，共同推出一项名为"Follow our Foodsteps"的 VR 体验活动，活动持续时长达 7 个月，活动内容是让消费者在 VR 世界中了解麦当劳的食品生产线。用户使用 Oculus VR、Gear VR 等 VR 设备，身临其境般地感受麦当劳食品原材料的生产过程，并参与到种土豆等生产过程中。

与此同时，Make Real 还为麦当劳用户群体推出了一款和 QQ 游戏《开心农场》颇为类似的拖拉机双人休闲游戏《Top of the Crop》。在该游戏中，佩戴 VR 设备的玩家可以驾驶拖拉机收割成熟的土豆，即便是对驾驶拖拉机缺乏专业知识与经验的玩家，也能够通过语音提示轻松愉快地感受这个过程。为了提高用户体验感，游戏制作团队 Make Real 邀请了很多农民提供建议，对土地状态、农夫形象、土豆生长状况及收割等细节进行全面优化。

在食品安全问题备受关注的背景下，餐饮品牌麦当劳更需要让消费者充分了解其食品生产过程，让消费者对原材料、加工工艺等有足够认识，从而消除外界质疑。另外，通过 VR 视频将食品生产过程分享给消费者，能够让消费者对麦当劳的食品质量进行监督，促使麦当劳不断提升产品质量与品质。

除以上提到的案例外，法国奢侈品品牌 Dior 开发了一款专属的 VR 头显设备 Dior Eye，使用该设备的用户可以近距离感受化妆师为 T 台模特化妆的过程，并了解模特在走秀准备阶段的情况。全球著名饼干品牌奥利奥制作了一部 VR 视频广告，该广告能够让用户在奥利奥生产基地 Oreo Wonder Vault 切身感受纸杯蛋糕口味限量版奥利奥饼干的生产过程。奥利奥通过将创意与科技融入新品营销，给消费者带来前所未有的极致体验。

趣味营销：有效吸引用户关注

VR 技术作为一项近几年快速崛起的"黑科技"，在吸引用户关注方面具有明显优势。现阶段，很多企业都在尝试利用 VR 技术吸引更多流量，进一步扩大品牌影响力。尤其是成本较低的 VR 眼镜更是受到了广大营销从业者的一致青睐，企业纷纷推出各种以 VR 眼镜为道具的趣味营销活动。

麦当劳在瑞典地区的 14 家实体门店限时限量销售特制开心乐园餐盒"Happy Goggles"，将普通的餐盒改造升级为 VR 设备。购买到这种餐盒的消费者可以按照折线对其进行加工，将 VR 镜片及手机放入指定位置后，就可以用来观看 VR 内容。

在一场亚特兰大老鹰队对抗克利夫兰骑士队的 NBA 比赛中，啤酒品牌百威免费向观众提供了 750 个纸质版 VR 眼镜。获得该眼镜的观众可以通过百威 YouTube 频道或骑士队 App 来观看 VR 内容，了解球员在更衣室中的场景、近距离感受球员访谈、观看部分比赛片段等，而且眼镜盒还可以被用来存放听装啤酒。

酒店品牌万豪在其部分酒店为广大消费者提供虚拟房间服务"VR Room Service"。入住酒店的顾客可以使用酒店免费提供的 VR 设备来获取 VR 音乐视频、旅游纪录片、动作电影等内容。事实上，这只不过是万豪应用 VR 技术改善用户体验的诸多尝试之一，此前，万豪还推出了虚拟旅游体验设施"Teleporter"，让顾客可以体验在太空漫游或者在夏威夷沙滩度假的场景。

在酒店市场竞争愈发激烈的背景下，万豪虽然在全球范围内有着较高的品牌知名度，但在市场中不仅需要面对希尔顿、喜达屋、雅高国际等强大的竞争对手，还要面对主打性价比的行业颠覆者 Airbnb 等后起之秀。对于很多人来说，万豪只是一个知名的酒店品牌，没有太多可供用户讨论的谈资。而 VR 技术是现阶段人们关注的热点，能够给万豪品牌更高的曝光量，引起更多用户的兴趣，获得更多关注。

第 12 章
VR 广告：智能科技引领广告业未来

传统广告营销模式的缺陷

媒介变革会带来广告形式的演变，为广告主的信息传播提供新渠道。从这个角度来分析，VR 技术的应用将对广告行业的发展产生重大影响。那么，正在崛起的 VR 广告营销会代替传统广告营销方式，在市场上占据主导地位吗？

传统广告营销方式存在许多明显的缺陷，VR 广告营销能够弥补传统营销方式的不足。以载体类型为标准，传统广告可以划分为两种类型：传统纸质广告与传统非纸质广告。报纸广告、杂志广告属于传统纸质广告，而电视广告、广播广告则属于传统非纸质广告。下面我们对传统广告存在的缺陷进行简单分析。

1. 传统纸质广告：生命周期短，缺乏及时性

对于传统纸质广告，例如报纸与杂志，读者通常会在短时间内完成信息阅读，并且很少会重复浏览。以报纸来说，日报的生命周期为一天，杂志的情况虽然优于报纸，但读者在看过一遍之后，也很少会重复阅读。

市场环境是瞬息万变的，通过纸质媒介发布的广告信息却难以改变，而且，报纸、杂志需要经过排版、印刷等流程，不适合刊登对时效性要求高的广告。另外，部分读者在拿到报纸、杂志后不会立即浏览，导致广告信息的传达具有迟滞性。

此外，很多杂志只在部分书报摊展出，这意味着它无法被所有受众接触到。同时，邮递员在发放报纸的过程中，可能将报纸遗失或损坏，导致报纸、杂志无法送到订阅者手中。

2. 传统非纸质广告：自主选择性低，创意表现受限

传统电视广告无法对目标受众进行准确定位，只能采用"广撒网"式的信息传播方式。例如，通过电视渠道投放的烹饪材料广告，面向的观众可能不是家庭主妇，而是很少自己做饭的年轻上班族，营销针对性比较低。

传统平面广告、广播广告的信息传播形式仅限于视觉或听觉，难以将信息形象化地展现给受众，还可能导致受众对其信息内容产生误解。另外，除了图像、声音之外，这类广告无法通过其他载体进行信息传达，难以向受众展现丰富精彩的广告创意。

传统广告的信息传达是单向的，即便广告设计精美、效果可观，仍然不能将单向传播转变为双向互动，用户的参与十分有限。现阶段的多数互动传播，从本质上来说，是依托社交平台进行互动，广告内容仍然缺乏互动性。

VR 技术引领广告营销变革

VR 技术的应用将对广告领域的发展产生重大影响，那么，这些影响具体表现在哪些方面？下面我们从 VR 广告的特征及优势出发，就 VR 技术

对广告营销的变革作用进行分析，如图 12-1 所示。

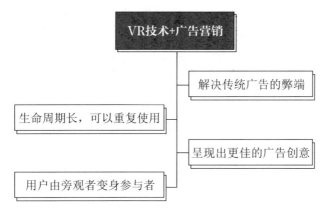

图 12-1　VR 技术对广告营销的变革作用

1. 解决传统广告的弊端

　　VR 广告能够帮助广告主实现精准定位。以玛莎拉蒂的 VR 试驾体验为例，哪一类人会参与这项体验活动呢？必定是想要了解玛莎拉蒂汽车及其驾驶性能的人，与该品牌的目标消费者群体相吻合。为了给消费者提供更加优质的体验服务，宜家同样通过应用 VR 技术，推出房屋租住体验，并在网络平台上线 IKEA VR Experience 虚拟现实游戏。

2. 生命周期长，可以重复使用

　　传统广告播出后就完成了信息传播任务，即便听众对其中某些信息感到困惑，也无法重新收听。相比之下，VR 广告允许消费者进行重复体验，受众也无须担心对广告内容的理解产生偏差。

3. 呈现出更佳的广告创意

为了给观众造成感官冲击，传统广告形式只能在视觉体验营造方面投入更多时间与精力。相比之下，VR广告不仅能有效提升用户的视觉体验，还能利用更多的感知方式，给用户呈现出一个虚拟世界，使其产生身临其境之感。

赛百味是快餐领域VR技术应用的典型代表，相比于其他同类企业采用的传统广告，该品牌给受众提供了全新的广告体验，获得了理想的营销效果。

在赛百味的VR广告中，体验者手持赛百味的三明治搭载伦敦街头的出租车，随后出租车启动，驶向纽约街头，带其领略纽约的美丽街景与亮丽的风光。赛百味的这支VR广告让用户感受到制作方的创意与灵感，赛百味也凭借新鲜的体验受到了广大用户的追捧。

4. 用户由旁观者变身参与者

在参与VR广告的体验时，用户不再是旁观者，而是作为其中一部分参与到剧情当中，引导剧情发展，这种信息传播方式能够有效提高受众的参与度，拉近消费者与产品及品牌的距离。

在美剧《权力的游戏》（Game of Thrones）宣传期间，HBO应用虚拟现实技术制作了VR宣传片，并在伦敦体育馆面向粉丝开放。体验者戴上VR头显设备，就能进入该片打造的虚拟世界。

在这个过程中，体验者能够攀越城墙，能与其他角色展开互动。为了营造更加逼真的效果，制作方还使用了特制的音效，从视觉、听觉等多个维度来提升用户体验。通过这种宣传方式，HBO成功实现了剧作的推广，还收获了更多粉丝观众。

VR 在广告设计中的应用实践

通常来讲，市场中的广告互动行为指的是能够左右广告活动的一系列市场行为，包含广告信息的传播及消费者的反馈等。5G 技术的不断成熟，推动了 VR 广告的诞生。VR 广告是依托虚拟现实技术与现代互联网技术，将现实产品在虚拟世界中全方位呈现的一种新型广告模式，能够将产品最真实的状态展现给消费者，实现消费者与产品的零距离互动。VR 技术在广告设计中的表现和应用如图 12-2 所示。随着现代广告业蓬勃发展，VR 广告的地位不断攀升，既能顺应时代发展的趋势，又能给消费者带来便利。

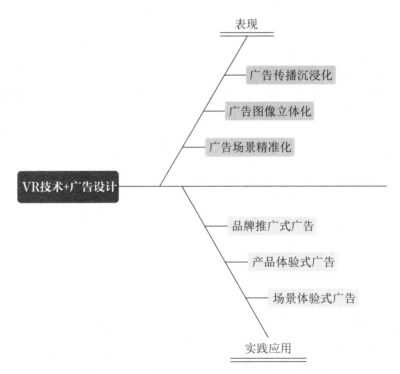

图 12-2　VR 技术在广告设计中的表现和应用

1. VR 技术在广告设计中的表现

（1）广告传播沉浸化

沉浸化传播指的是利用相关技术将现实产品虚拟化，让消费者可以配备相应的智能设备（如 VR 眼镜等）在虚拟世界中畅游，更准确地体验产品特性，这种方式可以给消费者带来类似游戏的体验，令消费者沉浸其中，进而产生购买欲望。

相比于传统的视频广告，VR 广告除了可以向消费者展示产品外观和性能之外，还可以让消费者体验到产品内在的特性、功能及带来的便利，与现实世界真实的产品体验几乎别无二致，相当于给消费者提供免费试用与体验的机会，激发消费者的购买欲望。

（2）广告图像立体化

传统的视频广告只能为消费者带来产品的平面图像信息，致使消费者对产品的了解趋于片面，而 VR 广告就很好地弥补了这一缺陷。在 VR 广告中，消费者可以通过智能设备全面立体地体验产品性能，获得更真实的感观体验。

通常来讲，消费者在视觉上对产品的感知会形成其对产品的第一印象，而第一印象往往会决定消费者是否会购买产品，因此，立体化、现场化的广告更能刺激消费者的购买冲动。VR 广告正是抓住了这一特点，不断创新优化，致力于为消费者打造更真实立体的广告体验。

（3）广告场景精准化

在广告营销中，产品的场景构建是一个重要环节，是促成消费的关键一步，因为无论什么产品，如果没有合适的使用场景，也很难刺激消费者购买。例如支付宝等支付软件，能够为消费者带来安全便捷的支付体验，但是在有些地方却没有这类产品适合的应用场景，因此当这类产品面对该地区消费者时，就失去了其原有的价值，这就是广告场景选择的重要性。

5G、大数据、物联网等技术赋能广告营销，为其带来更多可能性。通过各类数据分析，VR 广告视频能够将消费者带入产品适合的应用场景中，为消费者带来临场体验感，消除消费者的疑问和顾虑。

2. VR 技术在广告设计中的实践应用

（1）场景体验式广告

场景体验即 VR 广告将广告镜头内外的场景内容全部呈现给消费者，为消费者带来身临其境的现场体验感。企业通过对网络技术与动画技术进行综合利用，在虚拟世界构建现实产品的三维立体成像，支持消费者配备智能设备融入虚拟世界，真实感受产品特性及功能等。

在实际应用中，VR 广告在房地产行业的应用较为广泛，且适用性非常强。地产商通过 VR 广告展示建筑信息，不仅可以让消费者加深对建筑外观、地域、环境等的了解，还可以让消费者"进入"套房内，观察房子的结构、布置、装修等，更直观全面地了解住房信息。

在传统的三维动画广告中，消费者只能按照企业提供的视角来感受产品，导致产品展示的片面化和信息传递的不对称性，而且这种广告方式只能单向传播信息，无法获得消费者的反馈。而基于 5G 的 VR 广告突破了这一束缚，带给消费者的是身临其境的动态效果图，可以实现消费者与产品的互动，极大程度地提高广告的转化率。

（2）产品体验式广告

产品体验就是为消费者带来的产品试用的机会。电子商务的成熟导致人们更青睐便捷的网上购物，但电子商务有一个不容忽视的缺点，就是无法在购买前试用产品，这是网购普遍存在的一种风险。在 5G 时代，VR 广告很好地解决了这一难题。依托于 VR 技术，消费者可以在购买前对产品进行试用，同时根据自己的期望实时更新虚拟世界中的产品性能。

基于这项优势，VR 广告被广泛应用于服装行业，例如服装试穿、虚拟服装设计、三维服装二维化等。消费者在服装网站挑选服饰时，可以借助各项技术提供的功能在虚拟世界创建自身的孪生模型，并进行服装试穿和搭配，更直观地了解该服饰与自己的适配程度，既方便了购物，又提高了营销效率。

（3）品牌推广式广告

产品的品牌效应通常可以大幅提升企业的竞争力，可以保证企业屹立不倒。因此，发展产品的独有特色、提升产品的品牌知名度是所有企业的追求。VR技术的成熟为企业发展品牌效应提供了更多可能。企业将VR技术作为技术优势，本身就能打败一批使用传统三维动画技术的企业。从更深层次来讲，VR技术可以为用户提供全面立体的场景体验，促使用户主动了解企业产品，提升用户信任度，打造企业的技术品牌形象。

在5G时代产生的一批新技术中，VR技术是使用比较广泛的一种。虽然目前VR技术正处在发展阶段，但是其在广告设计领域的应用给企业的广告营销带来了有利的转机，有的企业已经借VR广告实现了超出预期的广告转化率。VR广告为用户提供了更真实的场景体验，实现了消费者与产品的互动，极大地提升了消费者对产品和品牌乃至对整个企业的好感，促成消费也变得水到渠成。

随着5G时代不断发展，VR技术将持续优化更新，在未来有着空前的发展前景。因此，只要企业抓住机遇，将VR技术投入广告设计乃至更多领域，就有助于实现企业的长足发展。

基于"5G+VR+直播"的广告营销

VR技术与直播行业的碰撞催生了一种新兴的直播模式——VR直播，它是虚拟现实与直播的融合。相较于传统的直播模式，VR直播具有全景、3D及交互的特征，采用360度全景高清摄制设备，从各个角度捕捉大量的镜头，形成一个从任意角度都能全景观看的直播形式，每一帧画面都是一个360度的全景，突破了传统直播模式单一视角、平面视频的束缚，为观众带来全方位、无死角、现场感的观看体验。

5G 技术的进步及商用的拓展带动了直播带货行业的蓬勃发展。直播带货与 VR 直播相融合能够带来更大的效益。例如，在 VR 直播间增加电商的功能，主播通过与观众实时互动获取观众的需求和偏好，在后台上架观众提及的商品，支持观众通过点击页面相应的按钮了解产品并购买。另外，VR 直播页面还可以添加广告，吸引赞助商投资，这样不仅丰富了 VR 直播的功能，而且促进了流量变现。

1. VR 直播的特性

与普通的直播模式相比，VR 直播的特性主要体现在以下三个方面：

（1）VR 直播增强了各场景用户的黏性。VR 直播能给观众带来沉浸其中的现场感，使观众融入现场直播的氛围，拉近观众与直播现场的距离，消除空间界限，给观众带来更加有趣的直播体验。

（2）VR 技术与直播内容建设互为补充。VR 技术的发展能为直播内容带来更多形式，同时直播内容也会反向推动 VR 技术的进步，两者协同共进，促进 VR 直播行业持续发展。

（3）VR 直播带来的临场感可以带动观众的积极性，促使观众主动观看直播，提升 VR 直播的观看率。

2. VR 直播的应用场景

VR 直播有三大应用场景，具体如表 12-1 所示。

表 12-1　VR 直播的三大应用场景

应用场景	具体应用
体育赛事直播	VR 直播打破了传统体育直播的束缚，给观众带来赛事现场的体验感，是体育赛事爱好者的福音。另外，体育赛事直播为 VR 视频提供了巨大的市场，同时 VR 直播能为体育赛事吸引更多观众，扩大受众范围，达到双赢局面

应用场景	具体应用
旅游直播	VR直播应用到旅游业，能够将旅游景点以VR形式呈现给游客，带游客真实感受景点的自然及人文景观
电商直播	VR直播融入电商领域，能够帮助消费者全面了解商品特性，帮助消费者在家就能实现产品的试用，有效促进电子商务的发展

3. 5G 赋能 VR 直播

5G技术的发展和成熟为VR直播提供了强有力的技术支撑，结合网络直播和现场直播的优势，创新出一种新型的直播模式，不仅可以让观众感受到直播现场的气氛，还能避免网络信号不稳定带来的卡顿和视频不清晰问题，帮助观众克服现场观看的固定座位、固定角度的束缚，促进网络直播的革命性进步。同时，5G加持下的VR直播可以实现观众的实时互动，进一步提升观众对VR直播的满意度。

随着5G的广泛商用，VR直播的市场越来越宽广。同时，VR直播可以提供沉浸式、交互式的直播体验，开拓更多用户，形成良性循环。此外，基于5G的VR直播能够推动直播行业创新发展，促进各产业实现智慧化升级，进而带动社会经济有序运转，实现更高的社会价值。

VR、AR等技术的不断升级以及在商业领域的持续下沉应用，为各行业的交易提供了更多可能，例如让大型商品走进直播间。过去，大型家具、农用机器设备等大型商品的交易只能在线下完成。利用VR直播，厂家可以在线上全方位展示产品，让消费者体验产品性能，提升产品的成交率。

现阶段，5G、VR直播等相关技术正在逐渐融入人们生产生活的各个角落，包括教育、医疗、营销、文旅等领域，不仅提升了人们的生活水平，而且为各产业发展注入了新动能，促进社会各领域齐头并进，推动社会经济实现蓬勃发展。

第五部分
内容营销

第 13 章
引爆流行：内容重塑品牌商业价值

内容营销与传统营销的区别

内容营销（Content Marketing）这一概念虽然早在 1996 年就被美国报纸编辑协会提出，但直到近几年才开始被媒体传播、被营销领域广泛使用。对于内容营销的界定，不同学者有着不同的理解视角和内容偏重。

美国学者安·汉德利（Ann Handley）认为，内容营销是以吸引和留存顾客为核心目标，将定向媒体、出版物和品牌化内容等通过多种媒体渠道进行有效传播的一种营销方式。企业不仅是营销信息的发布者，还要在营销活动中扮演值得顾客信赖的"顾问"的角色，能够为顾客提供建设性的意见和想法，引导、帮助顾客做出购买决策。

内容营销是提高客户忠诚度的核心策略，企业应该积极搭建一个"企业——用户""用户——用户"之间交流分享的社群平台，并通过合理有效的社群运营培育客户的社群认同感与归属感，引导社群成员的产品需求与偏好，最终将成员对社群的忠诚转化为对企业、品牌和产品的忠诚。

随着媒介传播方式、用户决策机制不断变化，内容营销也在不断改变。与局限于品牌 logo、线下活动等内容形式相比，如今的内容营销被时代赋予了新的内涵。

在大众传媒时代，信息通过各种传播渠道从职业传播者向受众单向传播。在信息传播过程中，信息传播媒介位于中心地位，受众处于被动接受地位。在分众传媒时代，媒体去中心化、信息过载、受众自我赋权等趋势愈演愈烈，受众不再是信息的被动接受者，开始主动搜索、获取信息。在此情况下，受众无须再耗费时间记忆信息，只需要掌握信息获取方法即可。同时，消费者依赖有限的知识与印象做决策的习惯也有所改变，开始借助互联网中无限的信息来做科学决策。

在大众传媒时代，用户决策划分为 5 个阶段：兴趣、信息、决策、行动、分享，如图 13-1 所示，各阶段之间是递进关系。

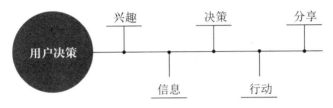

图 13-1　用户决策的五个阶段

在整个过程中，消费者始终处于被动接受地位，依赖记忆独立决策、独自行动，线上与线下营销角色分明。在分众传媒时代，用户决策依然划分为兴趣、信息、决策、行动、分享 5 个阶段，但这 5 个阶段出现了一些新变化，这些变化主要表现在表 13-1 所示的五个方面。

表 13-1　分众传媒时代用户决策阶段的变化

序号	具体表现
1	各阶段之间不再是递进关系，用户决策可以跨阶段，决策路径变得更顺畅
2	移动互联网打破了时空限制，信息成为影响用户决策的关键要素
3	信息大爆炸导致用户决策的工作量越来越大，决策效率越来越低
4	因信息分享形成信息闭环，相较于广告主发布的信息，用户更愿意相信其他用户，产品口碑对消费者决策产生了重大影响
5	在移动网络的支持下，用户可以随时获取、分享信息，做出决策

内容营销由"内容"与"营销"两大部分组成，其中有价值的内容是基础。所谓"有价值的内容"，是指内容不仅要对企业有价值，还要对客户有价值。从企业（内容传播者）的角度来看，有价值的内容包括与产品、服务、

企业品牌文化、传播者价值观等有关的内容，强调内容的专业性、持续性。从客户（内容接受者）的角度来看，有价值的内容包括对个人成长有利的学习资料、能够愉悦身心的娱乐产品、能够满足消费需求获得消费者信任的内容等，内容接受者非常愿意分享这些信息。

内容营销之所以与传统的营销方式不同，就是因为内容营销以价值内容为基础，对跨媒介、互动性、场景化的营销手段进行了综合应用，具体如表 13-2 所示。

表 13-2　内容营销对营销手段的综合应用

应用方式	具体内容
跨媒介、跨平台营销，多媒体发布内容	内容营销利用微博、微信等平台构建垂直社群，发布新闻稿、软文、课题报告、电子书等可以展现品牌信息的内容
以场景与沉浸感为基础对客户体验进行优化	例如曾火爆一时的文章"褚橙进京"，将褚时健老当益壮、历经磨难东山再起的经历呈现了出来，增强了产品的故事性与场景感，为品牌营销推广提供了助益
增进与客户的互动，促使用户自主裂变扩散	例如可口可乐的广告以碰杯、团聚、庆祝的画面让用户给可口可乐打上了"欢乐""庆祝"的标签，增强了用户的参与感和互动体验，使广告传播效果大幅提升

综上所述，所谓"内容营销"，是指以微信、微博、论坛等平台为媒介，用最贴近消费者的形式与创意向受众传递品牌理念及信息，以切实提升企业资产的价值，增加销售机会。在互联网时代，通过内容营销，品牌理念可以得到有效传播，企业与消费者可以实现顺利连通。由此，内容营销被视为未来最主流的营销方式之一。

内容营销的三大特征

内容营销是通过创建、发布和传播用户需要或感兴趣的有价值的内容，让用户在轻松愉悦的优质内容体验中潜移默化地了解并认可企业、品牌和产品，获取用户信任与忠诚，为后续各种商业化动作奠定坚实的基础。

　　简单来看，内容营销就是通过"有料有趣"的内容与用户建立连接，借助微博、微信、快手、抖音等各类社交互动媒体开展商业化行为。从更深的层面来看，内容营销是聚焦于价值体验和价值传递的营销策略。企业通过各类社交媒体渠道将优质内容传递给顾客，为顾客提供优质的内容体验，进而激发顾客的分享转发行为，不断丰富营销内容并扩大传播范围，最终将分散的目标消费者聚合组织起来形成社群，为企业开展精准营销、口碑营销等提供有利条件，从而实现产品推广销售、品牌塑造、顾客忠诚度培育等目标。

　　内容营销的特点可以概括为三个方面，如图 13-2 所示。

图 13-2　内容营销的三大特点

1. 内容的原创性

　　内容营销的关键在于能够提供对用户有吸引力的内容，特别是在信息极度膨胀并快速更新的新媒体环境下，一条内容要想从海量信息中脱颖而出给用户留下深刻印象必须"有料有趣"，即内容是用户需要的、有价值的，同时最好是原创的、新颖的，能够深度激发用户的阅读兴趣。

　　如果原创内容足够新颖有价值，发现并获得价值体验的用户会十分乐意将其转发分享给更多人，帮助营销内容更快速广泛地传播，并在此过程中获得某种成就感。

2.营销的相关性

内容营销本质上是一种企业营销活动，最终目的仍是获取商业价值。因此，有料有趣的优质内容只是内容营销顺利开展的第一步，更重要的是将产品或服务信息融入内容，向用户呈现产品或服务的独特价值，通过优质内容打动用户、引发共鸣，让用户与产品建立起连接信任关系，做出购买行为。

需要注意的是，企业开展内容营销时，对产品、服务等商业化元素的植入不能太过刻意，也不宜过多，以免影响用户的内容体验，适得其反。

3.内容营销的娱乐性

在泛娱乐化时代，内容营销不仅要"有料"，能为用户创造价值；还要"有趣"，能够带给用户某种娱乐性体验，如此才能吸引用户主动分享，传播营销内容，获取更大的内容营销效益。

因此，在内容营销过程中，企业可以从娱乐信息、娱乐新闻等具有娱乐性的内容中获取灵感，增强营销内容的趣味性，为用户创造"有料有趣"的内容体验，获得事半功倍的营销效果。此外，具有娱乐性的营销内容也容易在搜索引擎中形成二次搜索，从而扩大传播范围并实现营销内容的优化。

内容营销的 5W 思维模型

在数字媒体时代，内容营销的路径与思维发生了很大变革。所以，企业必须根据变革之后的新特点转变思维方式，建立内容营销新思维。内容营销有 5W 思维，分别是 Who（用户思维）、What（内容思维）、Why（价值思维）、Where（平台思维）、When（时效思维），如图 13-3 所示。

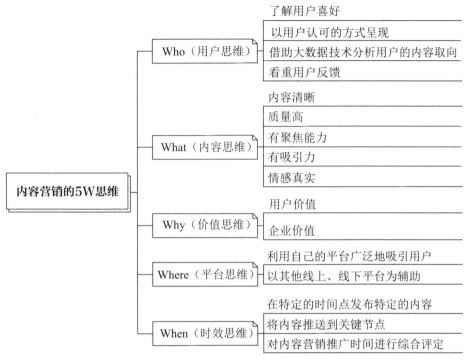

图 13-3　内容营销的 5W 思维

1. 用户思维

用户是营销的起点，内容营销要想成功必须对目标受众进行精准定位，在与用户接触的过程中要对用户特征及个性进行全面分析，对用户需求进行深入挖掘。对于内容营销来说，明确定位，有针对性地、低成本地向用户推送有价值的内容是基础。这个过程看似简单，实践起来具有比较高的难度，需要着重注意以下几点：

● 内容营销人员必须了解用户喜好，明确用户对内容的需求；

● 内容营销人员要借助用户认可的方式将内容呈现出来，用制作精良、富有感染力的内容打动用户，提高用户对内容的分享意愿，让内容实现社会化传播；

● 企业要借助大数据技术分析用户的内容取向，对产品的目标用户进行细分，以实现精准化的内容营销；

● 内容营销人员要看重用户反馈，定期对用户进行调研，对营销方式进行不断改进。

企业的内容营销同样要明确目标用户的特征以及用户的内容需求，然后要打造差异化的竞争优势，生产有特色、有优势的内容，以持续吸引用户，增强用户黏性。

2. 内容思维

互联网环境下的内容指的是知识与信息的集合体，内容是否有价值的判断标准不是内容本身是否优质，而是内容是否符合用户偏好与期望。有价值的内容的产生往往具有明确的目的，是针对目标用户群体生产的特定内容。在内容思维下，企业必须对核心用户喜爱的内容进行充分考虑，包括有组织的知识类信息、有激励作用的图文信息、互动有奖活动信息等。从特征方面来看，有价值的内容往往具有内容清晰、质量高、有聚焦能力、有吸引力、情感真实等特征。

随着信息技术、移动互联网技术的迅猛发展，企业要对内容发布方式进行创新，借助多媒体、跨媒介思维对内容进行精细化处理，让内容变得有趣，让每一次内容营销都能获取一部分用户。在新环境下，这是内容营销的重要突破口。

3. 价值思维

企业以用户需求为基础开展精准营销可以迅速打开市场，但企业真正成熟的标志是：企业利用价值思维成功塑造品牌，进而使品牌实现裂变式传播，最终吸引用户主动跟随，认同企业的产品和文化。

在内容营销过程中，价值思维主要体现在两个方面，一是用户价值，二是企业价值。企业要想促使用户价值转变为企业价值，最终实现双赢，必须做到以下两点：

● 企业要构建"终局性"的战略目标，不要将利润视为唯一标准，要从"以利润为中心"向"以价值为中心"转变，价值实现后利润就会随之而来。具体措施包括企业要为用户提供高质量的内容，在一定时空范围内让内容实现专注化。

● 企业要善于利用用户思维、内容思维凝聚社群力量，增强用户对产品及服务的认同感与信任感，为用户成长及能力提升提供帮助与引导。例如企业可以利用自身强劲的内容优化能力提升用户体验及用户的总体转化率。

4. 平台思维

随着市场竞争愈演愈烈，如果离开平台，仅有优质产品与服务的企业很难脱颖而出。对于企业来说，想要开展内容营销，可推广的内容与可传播的平台缺一不可。所以，企业必须树立平台思维，尤其是移动平台思维。企业开展内容营销最有效的方式就是拥有自己的平台，也就是利用自己的平台广泛地吸引用户，同时以其他线上、线下平台为辅助，形成以内容营销平台为中心的辐射模式。

除此之外，微博、微信、知乎、小红书等社交媒体因为门槛低、成本少、传播速度快、爆发力强、传播范围广等优势吸引了很多企业，成为移动营销平台中的领军者。

5.时效思维

如何将内容的价值充分发挥出来，关键取决于内容的发布策略，其中时效思维发挥着极其重要的作用。一方面，在互联网环境下，信息的爆炸式传播具有不可预见性，企业在投放内容时要紧抓内容投放的速度效应，及时创造、推出热点话题；另一方面，企业要发布具有较强时效性的热点话题，同时要让用户有效地消化内容，切忌轰炸式地全天候发布内容，以免使用户产生疲惫感、厌倦感。

在这方面，企业可以采取的措施有：

● 在特定的时间点发布特定的内容；
● 对同类企业的内容发布时间与频率进行考察，将内容推送到关键节点；
● 与内容及用户习惯相结合对内容营销推广时间进行综合评定。

所以，在时效思维的影响下，企业要想做好精准投放就必须对大数据技术进行优化利用，同时在实践过程中对不同变量下的用户活跃度进行密切关注，对内容营销流程进行优化、完善。

基于用户思维的内容营销策略

现如今，用户对待信息的态度愈发地理智、谨慎，且用户的社交关系变得越来越复杂。在这种情况下，如果内容营销人员以生硬的方式向用户推送内容很容易引发用户反感。反之，如果内容营销人员根据用户喜好向其分享对其有价值的内容，就很容易取得成功。

简单来说，这种内容营销方法就是以用户思维指导内容营销。具体来看，以用户思维指导内容营销要采取以下策略，如图 13-4 所示。

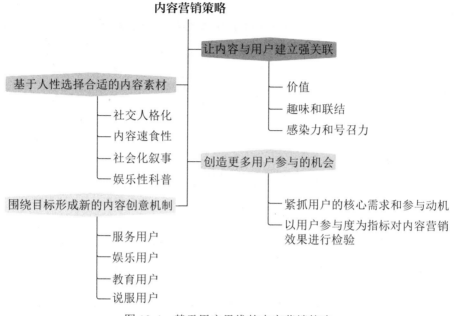

图 13-4　基于用户思维的内容营销策略

1. 让内容与用户建立强关联

让内容与用户建立强关联是内容营销的一个关键步骤。营销行业流行这样一种说法：只有和用户发生强关联的营销才能称之为营销。内容与用户的关系形成了一个金字塔结构，在这个结构中：

● 最基本的是内容为用户提供的有价值的信息，也就是价值；

● 其次是内容为用户提供的有趣的、可与他人分享的体验，也就是趣味和联结；

● 最后是内容赋予用户改变自己与世界的能力，也就是有感染力和号召力。

为了增强内容的感染力、号召力，让内容与用户建立强关联，内容营销人员要采取以下措施，如表 13-3 所示。

表 13-3　增强内容与用户强关联的四大措施

措施	具体内容
品牌人格化	让品牌具有一定的观点、态度、气场、性格、腔调，形成一个"圈子"来吸引目标受众群体。简单来说，品牌人格化就是赋予品牌人类的意识与情感，让品牌实现拟人化、情感化，变得更有温度，更容易与人拉近距离。在产品供过于求的时代，产品想要在激烈的市场竞争中脱颖而出，找到目标消费人群，必须有优质的内容为依托，具备品牌温度，实现社交传播
洞察社会情感，引起用户共鸣，打动用户	例如 2021 年 12 月，绝味食品推出一款日历，并寄语"不管今年的愿望是否实现，2022 年都需要重整旗鼓，重新出发"，同时发布绝味食品"绝对过好每一天"的活动口号，引发了年轻群体的强烈共鸣。活动一经推出就吸引了很多年轻消费者参与
打造内容性产品，实现自营销	内容营销人员要为目标用户添加身份标签，让用户在购买产品之前就对产品、品牌产生归属感、共鸣感，以增进产品与用户之间的关系
将用户之间的弱关系转化为强关系，增强用户对品牌或产品的黏性	内容营销的深度在很大程度上取决于传播关系的类型，强关系的内容营销通过影响客户情感提升用户体验。只有在强关系的支持下，用户才能在使用产品的过程中不自觉地对产品进行传播。内容营销以用户为依托不断传播用户价值，通过客户让产品在网上留下痕迹

2. 基于人性选择合适的内容素材

从本质上看，基于人性选择合适的内容素材就是引领、挖掘消费者的内在需求。内容营销要对目标用户需求进行深入挖掘，基于人性和目标用户的特点采取相应的营销策略。

例如，针对用户对于便利的追求提供各种便捷服务，如一键下单、扫码付款、电商服务等；针对用户对于性价比的喜好推出团购、秒杀、抽奖等优惠活动；针对用户对于成就感的追求提供签到打卡、积分排名、粉丝数量等功能。总而言之，内容营销就是从用户出发，以用户思维指导内容营销。

在内容营销的过程中，内容营销人员基于人性选择内容时要做好以下四点，如表 13-4 所示。

表 13-4　基于人性选择内容的四大措施

措施	具体内容
社交人格化	品牌要主动创造内容，以缩短与用户的交互时间，提升互动性，更好地与用户的生活情境相融
内容速食性	内容营销人员要创造有趣、娱乐化、具有竞争性的内容以提升品牌的知名度和存在感，吸引广大用户注意，刺激用户产生更多情绪
社会化叙事	在各种类型的内容中，故事是最容易吸引用户的一种内容。内容营销人员不仅要讲"好故事"，还要"讲好"故事，刺激用户连续不断地投入情感，甚至鼓励用户参与故事创作
娱乐性科普	如果内容过于复杂、专业性过高，往往很难吸引用户。所以，内容营销人员要想方设法将复杂的内容简单化、娱乐化，使其被更多用户接受，以提升品牌形象，传递品牌价值

3. 创造更多用户参与的机会

参与感体现了用户思维。在内容营销过程中，内容营销人员只有紧抓用户的核心需求和参与动机，采用相应的方式对其进行激励，为他们提供一个展现自我的平台，才能激发用户的参与热情，实现营销目标，提升企业响应市场需求的速度及其自身的竞争力。由此可见，内容营销人员可以以用户参与度为指标对内容营销效果进行检验，以激发用户参与的积极性，与用户积极互动，使用户的传播作用得以充分发挥。

内容营销人员通过创意活动为用户提供了更多参与营销的机会，特别是内容营销人员将营销活动与当下的热点话题相结合，辅之以个性化的模板，吸引受众参与，可以使内容营销取得事半功倍的效果。

4. 围绕目标形成新的内容创意机制

内容营销过程涵盖了多个环节，例如媒介选择、营销工具选择等，如果对内容营销目标进行分类，与之相对的应该是消费者的决策历程。内容营销目标可以细分为服务用户、娱乐用户、教育用户、说服用户等各种各样的目标。营销目标不同，内容营销人员使用的创意机制也不同，只有明确内容营销目标，内容营销人员才能更好地利用内容创意机制来选择内容、创造内容。

一个新的内容创意机制的形成可以采取以下措施，如表 13-5 所示。

表 13-5　内容创意机制形成的三大措施

序号	具体措施
1	对传统营销接触点进行优化利用，对内容营销的形式进行优化设计。例如士力架创意产品包装，在包装上印制与"饥饿"有关的形容词，并在线上发起"饥饿的时候你是什么"的调查活动，同时在线下成立"饥饿急救中心"，与消费者开展全方位互动
2	内容营销人员可以利用已经成熟的机制采用新方法尝试内容营销。例如碧浪利用电商领域成熟的竞拍价值策划营销活动，从而大获成功
3	内容营销人员可以将电商平台的口碑推广转化为内容营销。例如大众点评以用户的分享、评价为基础吸引大量商家入驻，形成丰富的内容营销素材

总而言之，现阶段新的内容创意机制不再只是文案或画面设计，而是要将企业与用户的沟通交流转变为内容生产，借助相应的机制保证其稳定运行。对于品牌来说，内容营销的创意机制是非常重要的竞争要素，为企业与用户持续沟通、对用户产生持续影响提供了强有力的保障。

第 14 章
实战流程：内容营销的步骤与技巧

步骤 1：明确内容营销定位

企业要想成功开展内容营销，必须先明确内容营销的定位；要想做好内容营销定位，必须明确内容营销目标、对目标受众群体进行精准定位、做好互动周期策划。

1. 制定营销目标

营销目标对产品或服务的营销方向起着决定作用。只有明确内容营销的最终目标，企业才能对内容营销方案进行策划，并且保证内容策划方案与内容营销目的一致。制定产品或服务的营销目标就是确保产品或服务的最终营销效果要与部门目标、公司目标保持一致。

以某网站的内容营销为例，如果部门营销目标是大规模获取客户，那么网站的营销目标就应定为潜在客户开发，并将点击到达率与转化率作为具体的测量指标；如果部门营销目标是增加产品销量，网站的内容营销目标就要定为销售支持，并将销售转化率作为具体测量指标。

总而言之，营销目标的制定要以公司及部门设定的发展目标为依据，发现内容营销的关键目标，并将其细化为具体的测量指标，为内容营销奠定良好的基础。

2. 确定受众角色

受众是产品或服务对象，企业只要明确受众角色就能对营销目标进行细化，实现精准营销。以性别、年龄、受教育程度等为依据，受众可以细分为多种群体，内容营销人员可以利用某种角色对某种群体进行概括，开展与之相适应的内容营销活动。

以某珠宝的内容营销为例，面向不同性别的用户群体，内容营销人员要采取不同的营销策略。女性顾客喜欢浪漫，较为感性，内容营销人员可以创造一个美丽、浪漫的故事触动女性顾客；男性顾客比较理性，比较注重珠宝的实用价值，内容营销人员则可以讲述一个体现产品品质的故事影响男性顾客。所以，对于这两种不同的受众群体，内容营销人员在选择内容时应有所侧重。

为了更精准地进行角色定位，内容营销人员可以建立"信息回收站"，利用一对一访谈、网络分析、顾客调查、关键词搜索、聆听社交媒体等方法尽可能多地接收用户反馈。

3. 把握互动周期

互动周期是针对产品或服务内部销售流程与客户购买流程所做的定义。企业可以通过把握互动周期在购买流程的某些阶段引入令人瞩目的内容，刺激潜在顾客产生购买冲动，进而做出购买行为，或者促使既有顾客对产品或服务内容进行传播。

互动周期是一个清晰、明确的流程，首先，要将受众角色映射到销售流程中，以用户对产品或服务的了解程度、决策习惯、兴趣等为依据对受众类型进行划分，然后明确互动周期。例如相较于对产品或服务感兴趣的用户来说，企业与对产品或服务不甚了解的用户的互动周期应该更长一些，相应的互动方案也应不同。

其次，企业要构建内容细分表，设置销售漏斗❶，引导消费者在销售流程内升迁，尽可能提升内容营销的成功率。

再次，企业要将受众角色与购买周期相结合，对各个受众角色的购买流程进行规划。

最后，企业要创建客户或者内容细分表，绘制各种受众角色的购买流程与销售漏斗。

步骤2：文案策划与写作

文案的质量是决定内容营销能否成功的关键。文案撰写要做好两件事：一是优化文案标题，二是合理安排文案内容，如图14-1所示。

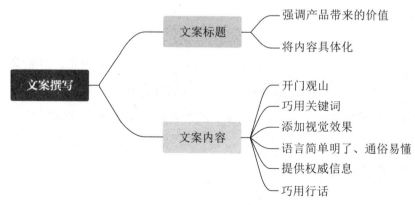

图14-1 文案撰写的两大关键

---

❶ 销售漏斗是科学反映机会状态以及销售效率的一个重要的销售管理模型。

1. 文案标题

（1）强调产品带来的价值

文案写作动机一般有两种，第一种是刺激受众采取行动，例如参加某营销课程，购买某产品等；第二种是让受众感受到产品的价值，例如参加某营销课程可以使客户数量在短期内增加80%，购买某产品能迅速改善睡眠状况等。第一种动机的目的是刺激人们发起行动，第二种动机的目的是让人们感受到这种行动能带来的好处。

对于客户来说，产品价值以及产品能为其带来的好处是他们重点关心的内容。所以，相较于"教你如何做好内容营销"这类题目，"7天让你的用户量提升80%"可能更能吸引人。

（2）将内容具体化

假如现在有两篇文章，一篇文章的标题是"如何获得百万级粉丝"，一篇文章的标题是"如何在一个月内获得2000名粉丝"，哪篇文章的阅读量更高呢？

对标题进行仔细分析会发现这两篇文章的内容相差无几，都是介绍一些增加粉丝量的方法，唯一的不同在于，第二个标题所表述的内容比第一个标题更具体。第一个标题给人的印象是文章简单介绍了一下吸引粉丝的技巧，而看到第二个标题，人们能具体感知到文章带来的好处。受这种好处的吸引，人们会不由自主地点击阅读。

加利福尼亚大学洛杉矶分校的金融学院曾做过一项研究，研究显示：客户在洽谈合作的过程中，如果某合作方能给出具体的数据，例如该营销方案能使经营业绩提升3.4%，更容易获取客户信赖，达成合作。

2. 文案内容

（1）开门见山

调查显示，人们全神贯注地投入一篇文章的时间大约为8秒，这就意味着营销人员要想用内容留住消费者，必须在 8 秒内吸引他们注意。为此，文案内容应开门见山，如图 14-2 所示。

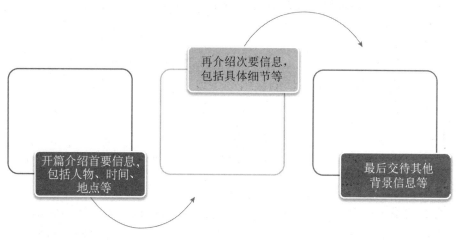

再介绍次要信息，包括具体细节等

开篇介绍首要信息，包括人物、时间、地点等

最后交待其他背景信息等

图 14-2 文案内容开门见山

（2）巧用关键词

关键词巧用对文案写作来说至关重要。营销人员在写作文案的过程中使用一些表达情感与程度的词汇可以更好地刻画品牌特征，引发读者共鸣，刺激受众进一步浏览内容，将内容分享出去。

例如大卫·奥格威为 Hathaway 服饰写作的一篇文案，通篇用"精妙""独特设计""秘诀""做工精细"等关键词将品牌的类别、特征、优势凸显了出来。

（3）添加视觉效果

研究表明，相较于文字来说，图片、视频更能吸引人们的注意力。所以，为了提升内容营销的效果，营销人员在编写文案时可以将文字与图案结合在一起。

例如前雅虎营销副总裁赛斯·高汀（Seth Godin）将自己的照片放在个

人主页上，并在旁边附注一句话"猛戳赛斯的头顶，即可阅览他的博客"。另外，赛斯·高汀还在主页上添加了一句非常有感染力的话"一起来实现梦想吧！"，成功地将读者的视线引向了导航栏。

由此可见，将视觉效果引入文案能使文案更精彩，更吸引人。

（4）语言简单明了、通俗易懂

营销文案的语言要简单明了、通俗易懂，尽量不要使用生僻词、生僻字，保证90%以上的读者都能明白文案内容。

在判断读者文化水平及其接受文章内容的程度方面有一项重要指标，就是福莱士易读性指数和金莱德等级水平测试。通过分析指数可知，大众对文章的易读性有着较高的需求。也就是说，内容营销的文案与学术性文章不同，其面向的是文化水平各不相同的消费者。为了保证这些消费者能了解文案内容，文案写作语言必须简单明了，通俗易懂。

（5）提供权威信息

在人们为某件事纠结时，如果有权威专家给出建议，人们就能迅速做出决定，并且会对即将做出的决定充满信心，这就是典型的名人效应。

在营销领域，名人效应的作用更大。例如同事说明天股市会跌，你可能不会相信，但如果巴菲特说明天股市会跌，你一定会深信不疑，立即回家抛售股票。所以，营销人员在编写文案时不妨引用一些"专家认证""专家体验"等内容，以增强内容的说服力，取得受众信任。

（6）巧用行话

在文案写作的过程中，应用行话能让文章更专业，但如果行话使用过多，就会使文章枯燥乏味，晦涩难懂，失去对广大读者的吸引力。因此，营销人员在使用行话时要考虑周全，根据目标受众群体的文化水平与理解能力适当地使用行话，在提升文章专业度的同时为用户提供有效的解决方案。

步骤 3：内容管理与优化

在内容管理与优化环节，营销人员需要做好以下几个方面的工作。

1. 整合多元化渠道

在开展内容营销的过程中，内容营销人员首先要以目标、定位、受众、资产等要素为基础构建多元化的传播渠道。在数字时代，信息传播方式与生产方式发生了很大变革，逐渐从线下转移到了线上。对于内容营销管理来说，网络平台建设是重点。

互联网渠道的价值集中体现在连接与整合两方面，相互之间的联系集中体现为一个中心辐射图集，轮毂是中心，向四方辐射的辐条是内容整合的关键点。在整个内容营销过程中，内容价值的实现主要取决于粉丝黏性。内容营销人员可从以下五个方面着手，与中心辐射图相结合构建具有高吸引力的内容整合平台，如表 14-1 所示。

表 14-1　渠道整合的五大措施

序号	具体措施
1	创建网站、公众号等社交中心以增加社交量
2	除社交中心以外，内容营销人员还需要创建内容发布渠道与社区
3	对社交中心的优质内容进行优化、推广，拓展中心辐射图中辐条上的网络
4	创造条件让社区内容实现二次传播
5	加入链条，增加流量，增强内容的可访问性

2. 挖掘内容类型

内容类型不同，其功能、格式、呈现方式也有很大不同。所以，内容营销人员要根据营销目的选择相应的内容形式，使内容营销效率切实提升。

传统的内容类型有很多，每种内容类型都有其独有的优势。社区博文以信息聚合与评论技术为支撑，可以将"搜索引擎优化"策略与社区构建活动结合在一起，为用户展现网页刷新内容。白皮书包含的内容形式很多，有会议论文、研究报告、技术简报等，都可以将公司思想领导者的地位展现出来，创造意向客户。

同时，随着移动互联技术不断革新，内容类型也可以实现创新应用。在互联网组织基础上构建的虚拟展会可以打破时空限制，与现有客户、潜在客户开展密切交流。例如某机构举办的路演一般在潜在客户密集地区开展，在明星效应及演员的网络号召力的支持下，将其周期短、覆盖面广、针对性强的优势充分发挥出来。

在达人经济暴火的形势下，网络直播的热度一路飙升。网络直播强调参与度与场景感，有效地弥补了传统文本传播的缺陷。借助快速发展的虚拟现实与增强现实技术，网络直播将推动内容营销行业发生彻底变革。

总而言之，只有对不同内容形式蕴含的价值进行深入挖掘，明确目标受众的定位，采取有针对性的内容营销策略，才能取得事半功倍的效果。

3. 优化搜索引擎

创建海量内容不应是内容营销的最终目标，其最终目标应该是将产品或服务推送给目标受众。对于该目标的实现来说，优化搜索引擎是一种有效手段。虽然近年来，优化搜索引擎的效果有所下降，但在内容营销中发挥的作用依然很大。通过搜索引擎优化，企业可以导入用户流量，将流量转化为实际销售。在优化搜索引擎的过程中落实内容营销，要有侧重点、有技巧地对内容进行推广：

● 在官方网站定位方面，内容营销人员要用1~2个关键词对网站主题进行概括，让访问者一眼就能知晓网站主题；

● 在网站内容设置方面，因为搜索引擎偏爱百科知识，所以内容营销人员要在网站中添加一些百科内容，尽量添加一些本行业的基础概念；

● 在链接方面，内容营销人员要做好内部链接。内部链接可以明晰网站脉络，给用户留下良好的印象。

另外，内容营销人员还要注重友情链接，要将简单的外链罗列转变为深度的内部合作。通过优化搜索引擎，可以有效增加触及产品或网络的人数，对内容营销产生有效助益。

步骤 4：内容营销效果评估

内容营销耗费的时间比较长，需要充足的时间对目标受众产生影响，所产生的效应往往具有滞后性。所以在内容营销开展的过程中，营销人员要分阶段地对内容营销效果进行评估，如图 14-3 所示，避免盲目投入造成资源浪费。

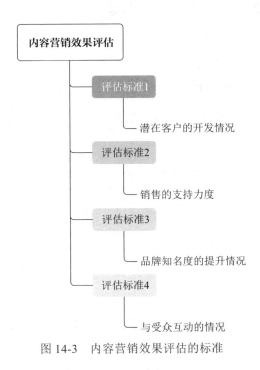

图 14-3 内容营销效果评估的标准

1. 评估标准1：潜在客户的开发情况

如果企业将开发潜在客户作为内容营销的目标，就不能只是观测营销内容在社交平台的分享转发量，还要以内容的点击到达率和转化率为指标分析内容营销在开发潜在客户方面的效果，如表14-2所示。

表14-2　内容营销开发潜在客户效果评估的两大指标

指标	具体内容
点击到达率	企业开展内容营销时，每一篇文章都应该有明确的、吸引人的行动号召。这样一来，当营销内容被分享转发到其他平台时，可以引导读者点击进入自己的网站；如果文章发布在自己的平台上，也能够吸引更多用户下载。此外，营销人员对推送内容的点击到达率进行测量，可以更好地判定内容营销在转化潜在客户方面的价值
转化率	不是所有的潜在客户都能转化为真正的消费客户，对此内容营销人员应该通过全面综合分析潜在客户的各种信息，判断出一般潜在客户和优质潜在客户，并将更多的资源精力投入到后者的运营维护上，提高转化率

2. 评估标准2：销售的支持力度

内容营销已经成为促进销售的"利器"。如果内容营销是以销售支持为目标，就可以通过分析接收到营销内容的客户与没有接收到营销内容的客户的销售转化率评判营销效果。具体来看，需要测量的关键指标如表14-3所示。

表14-3　评估销售支持力度的三大指标

指标	具体内容
销售转化率	围绕潜在客户的需求、痛点等有针对性地推送营销内容，与潜在客户建立起连接信任关系，获得更高的销售转化率
销售周期长度	成功的内容营销有助于缩短产品的平均销售周期。如果潜在客户在内容营销的引导下加速了购买进程，就表明内容营销发挥出了销售支持的作用
进展	成功的内容营销可以帮助营销团队克服销售过程中的困难或降低销售难度，促成更多销售。对此，营销人员可以通过对比接收到营销内容的客户与未接收到的客户的下单情况，分析内容营销在推动销售进展方面的实际效果

3. 评估标准3：品牌知名度的提升情况

如果内容营销的目标是提升品牌知名度，企业就要追踪测量以下关键指标，如表14-4所示。

表14-4 品牌知名度提升效果评估指标

指标	具体内容
社交网络转发量和关注量	测量社交网络的关注量和转发量，并以每篇文章的平均分享转发次数为基准线；对各类社交媒体以及持续性的评论内容进行追踪分析，明确哪种内容、何种呈现形式、一天以及一周中的哪个时间节点进行内容推送能够获得最佳的关注和转发效果
文章阅读量	看到推送的营销文章的人数越多，就意味着知道品牌的人越多，因此文章阅读量也是评测内容营销在提升品牌知名度方面作用的一个有效指标。对于发布在官方平台或者自媒体上的文章，阅读量很容易测量，可以借助平台自带的数据分析工具获得；当营销内容发布到外部媒体平台，特别是发布者没有明确在页面上显示文章的阅读量时，获取文章的阅读量数据就比较困难

4. 评估标准4：与受众互动的情况

相对于提升品牌知名度这一比较宽泛的目标来说，很多营销人员更愿意将与受众的真实接触和互动沟通作为内容营销目标，对此需要追踪测量的关键指标如表14-5所示。

表14-5 与受众的互动效果评估指标

指标	具体内容
社交网络转发量	营销内容获得大量转发，实现病毒式传播固然很好，但如果目标受众或能够影响目标受众的人没有参与到分享互动中，转发量再多也没有多大意义
评论数	从关注转发文章的众多用户中找到真正关心产品和品牌、对内容营销做出有价值评论的用户，推送更容易引起他们互动的营销内容，可以通过私信或者直接在社交媒体上沟通交流的方式完成互动
点击到达率	除了转发量与评论数这两个固定指标之外，点击到达率也是评判内容营销互动效果的一项重要指标。营销人员可以通过追踪分析内容的点击量以及用户青睐的内容类型，对目标受众群体绘制精准画像，了解他们的需求点、痛点、兴趣点和兴奋点，更有效地与他们进行互动

要想真正获取内容营销的巨大价值，设立内容营销的目标只是第一步，更关键的是匹配能有效测评营销效果的关键指标，只有这样才能及时了解内容营销的具体效果如何、哪些环节没有达到预期成效、问题出在哪里，从而及时对内容营销过程和策略进行调整优化，更顺利地完成营销目标。

随着社交媒体逐渐多元化，用户逐渐变成了内容营销过程中的关键节点。所以，内容营销评估指标体系不仅要引入传统的关键指标，例如消费指标、导引性销售指标、销售指标等，还要引入可以体现用户活跃度的共享指标，利用数据抓取及数据挖掘工具对用户点赞、分享、评论、导入链接、话题参与等指标进行测量，以做好内容推广营销。

内容营销评估效果集中体现在投资回报率方面。内容营销人员要逐一对评估结果与内容营销的开展环节进行比对，对营销策略进行优化，使内容营销价值实现最大化。

第 15 章
营销转化：基于内容的品牌传播路径

搭建品牌整体营销战略框架

品牌内容营销并非孤立进行的，而应置于品牌整体营销战略框架下，积极整合各方面资源，打好"里应外合"的配合战。

具体来看，"里应"主要是针对单个品牌内容营销活动的运作，涉及的主体包括：品牌企业，内容制作公司、媒体、游戏开发商、娱乐公司等内容产品提供者，专业广告代理公司。企业在开展品牌内容营销时，必须全面充分考虑这些方面，深度介入内容产品的策划、生产、发布、传播等各个环节和流程，对产业链的各方资源进行有效整合。同时，企业还应积极采用贴片或户外广告、终端促销、数据库邮件、公关活动、媒体报道、电影首映式、音乐或书籍签售会、内容产品制作花絮等多种宣传方式，向目标受众全方位呈现品牌信息，增强品牌植入的影响力。

"外合"是指将品牌内容营销活动置于品牌营销战略体系下，明确内容营销在品牌整体营销框架中的角色与价值，并通过与其他品牌营销方式的整合协同，更好地实现品牌整体的营销战略目标。

虽然内容营销是品牌吸引消费者注意力的有效手段，但内容载体的限制决定了内容营销能够传递的品牌信息较为有限，大多扮演一种增强品牌感知、提高品牌知名度的角色。因此，当消费者通过内容营销对品牌产生兴趣后，企业必须通过其他营销策略将品牌信息、特质、内涵、价值等全面呈现给受众，让受众形成鲜明深刻的品牌印象并对品牌产生认同。

换句话说，品牌内容营销只有与其他营销活动有机结合，与品牌整体营销战略保持一致，才能真正让消费者形成对品牌的全面深刻感知与理解，并与品牌建立长期信任关系。

案例：宝马汽车在 Msisoin Mini 营销活动中的内容营销

在电影《偷天换日》中，宝马汽车通过植入式广告获得了巨大的品牌内容营销效益。不过，深层来看宝马公司此次影片植入营销其实是其开展的全球性营销活动"Msisoin Mini"的延续，后者主要是为即将推出的 MINI Cooper 新款汽车进行市场造势和预热。

宝马公司首先邀请侦探小说家山姆·库珀（Sam Cooper）创作了一部尚未结尾的小说《Msisoin Mini》，然后通过举办名为"Msisoin Mini"的比赛在全球范围内筛选出 90 位参赛者与山姆·库珀共同完成小说的结局。之后在同样是寻宝主题的影片《偷天换日》中，宝马公司通过在影片中植入品牌内容的营销方式，进一步延续了"Msisoin Mini"全球营销活动，借助整合营销获得了更大的品牌传播效益。

持续输出有价值的内容

在数字经济时代，企业的品牌营销不仅面临着来自其他品牌的挑战，还要面对受众注意力日益碎片化、移动化带来的不确定性挑战。在这场旷日持久的品牌营销"战争"中，越来越多的品牌开始转变以往硬性推送的营销方式，转而从消费者需求出发，以优质内容为"利器"，通过娱乐化传播拉近与消费者的距离，为消费者构建新颖独特的品牌体验，最终借助内容营销实现产品销售、品牌推广、客户忠诚提升等营销目标。

"内容为王"时代，内容营销已经成为品牌整体营销战略的重要组成部分。如何处理好品牌与内容的关系，在不影响用户内容体验的情况下将品牌营销信息精准高效地呈现给受众，让消费者在潜移默化中了解并认同产品和品牌，从而获得最大的品牌传播效果，已经成为企业营销策划的重要议题。

品牌内容营销与传统广告宣传的一大区别是，品牌信息呈现的载体或者与目标受众连接的媒介是内容产品，而大多数内容产品都有较强的时效性，不可能一直大规模流行下去。在这种情况下，谁具有更强的"持久战"能力，在内容产品"过时"后依然呈现在消费者面前，实现品牌信息的持续传播，谁就能获得更强的品牌影响力，在日益激烈的品牌营销竞争中占据主动。

品牌内容营销的持久性主要包括两个方面，如表 15-1 所示。

表 15-1　品牌内容营销持久性的两大表现

表现	具体内容
内容营销的连续性	如在某一特定内容产品中持续进行品牌植入，既能保证品牌信息受众的一致性，又能让消费者一看到类似内容产品就会自然而然地联想到品牌信息，从而形成规模效应
内容营销的延续性	如内容产品发布后，企业通过各种方式进行内容产品的二次乃至多次传播，使植入到内容产品中的品牌信息不断地呈现在目标受众面前，使受众形成更加深刻的品牌印象。此外，企业还应该深度挖掘和利用内容产品中的资源以实现品牌的持续传播，例如邀请植入影片的主角作为品牌代言人或者参加品牌宣传推广活动等

案例：佳能植入《可可西里》影片后的持续品牌营销运作

佳能作为《可可西里》电影的首席赞助商，并没有在影片剧情中特意呈现自身的品牌和产品，而是在影片上映并受到社会广泛关注后，适时举办了"用佳能 DV 寻找绿色世界，重返《可可西里》"的电影宣传推广活动，让参与者使用佳能 DV 去拍摄可可西里的风景。

这样一来，佳能不仅与可可西里关联起来，利用影片有效宣传了自己的产品，提升了品牌知名度；而且还通过与自然环保主题的有机结合，树立了关心自然环境的良好品牌形象，从而获得社会与消费者的更多认可和青睐。

实现品牌与内容的深度契合

与以往硬性推送品牌或产品信息的广告传播方式相比，品牌内容营销的最大优势是传播过程的隐蔽性：将品牌符号、形象、理念等合理融入内容产品，让受众在体验内容产品的过程中潜移默化地了解并认可产品或品牌信息，实现品牌内容营销。

因此，企业应该精心选择与自身品牌高度契合的内容产品，以合理的方式将品牌信息融入内容中，成为内容产品的一部分，在不影响内容体验的情况下让消费者自然而然地了解并认可品牌。

具体来看，品牌与内容的契合度主要表现在以下四个方面，如表 15-2 所示。

表 15-2　品牌与内容契合度的四大表现

表现层面	具体表现
内容目标受众与品牌目标消费者之间的重合度	两者的重合程度越高，品牌通过内容传递的信息越能准确地呈现到目标消费者面前，实现有效传播
植入场景（氛围、基调、情节、使用者等）与品牌形象的匹配度	品牌有自身的形象和调性，如果不能选择相匹配的植入场景，很容易传递错误的品牌信息，甚至与受众已有的品牌认知产生冲突，不仅无法实现品牌传播，还会对品牌形象造成不良影响
内容呈现的信息与品牌整体营销战略需要传递信息的匹配度	内容产品越能将品牌需要传播的信息全面准确地表达出来，越能与整体品牌战略中其他环节传递的信息保持一致，就越能获得更好的传播效果
植入内容产品中的其他品牌与企业自身品牌的匹配度	在"内容为王"时代，一些优质的内容资源常常被众多品牌共同占有，这时企业就必须考虑自身品牌与内容产品中其他品牌的契合度

自身品牌与内容产品中其他品牌的契合度主要表现在两个方面，如表 15-3 所示。

表 15-3　品牌与内容中其他品牌契合度的两大表现

表现层面	具体表现
在品牌所属品类上，企业品牌是否能够独享内容资源	即内容产品中出现的同品类产品都是自己的品牌。例如影视剧中的主人公始终使用同一品牌的手机所带来的植入营销效果肯定要超过使用多个品牌手机的传播效果
企业品牌与植入内容产品的其他品类品牌的契合度	内容产品能够吸引众多消费者的关注，主要是因为向人们呈现了一种美好的生活方式，而搭建这种特定生活方式并不是一个品牌能够完成的，需要多种品牌的通力合作。因此，企业品牌与内容产品中其他品类植入品牌的匹配度也在很大程度上影响着品牌内容营销的效果

在内容营销中，企业应该尽可能地选择与更高端或至少与自身品牌身份相当的品牌进行搭档：与更高端品牌合作有利于提升自身品牌的形象地位，如欧米茄在"007"系列电影中与宝马汽车搭档，宝马汽车帮助其成功进入瑞士一流手表阵营；与身份相当的其他品牌合作，则有利于品牌与某种特定的生活方式形成更紧密的关联，从而获得更多消费者的认可和青睐。

案例：通用汽车与《变形金刚》电影的成功融合

通用汽车将雪佛兰、GMC、悍马 H2、庞蒂克等多个品牌车型合理融入《变形金刚》剧情中，借助影片向消费者呈现独特的品牌个性，让人们在观看影片时自然而然地留下深刻的品牌印象：活泼开朗的大黄蜂，沉稳幽默的擎天柱……对观众来说，影片中出现的汽车不再是单纯的交通工具，而是有"思想"、有"故事"、有"个性"的钢铁朋友。

例如，电影中有这样一个情节：当男主角在大黄蜂车内向女主角抱怨车子太旧时，这款雪佛兰汽车突然"变形"成为最新款的概念跑车。在这一场景中，雪佛兰汽车与影片剧情实现了合理融合，在展现品牌特性时并没有影响人们的观影体验，从而让观众自然而然地对雪佛兰汽车产生鲜明深刻的品牌印象。

此外，影片结尾处的旁白更是实现了通用汽车品牌形象和价值的升华：人离不开汽车，汽车也默默观察保护着人，汽车不再只是便捷的交通工具，更成为人类的亲密伙伴。

制定精准的内容营销策略

内容营销是一个系统性行为，不仅要考虑外部目标用户和渠道平台，还要考虑企业自身的实力、产品品类、品牌战略与调性等内部因素，制定适宜的内容营销策略，并为后期的内容创作、推广与效果评估提供依据。

简单来看，内容营销策略主要包括内容的创作标准、风格、分发渠道、呈现形式和发布频率等方面。例如，内容风格可以是幽默搞笑，也可以是励志、温情或科幻风格。品牌选择的内容风格要契合品牌调性，以便确保输出的内容不会对品牌形象造成不良影响，例如定位为高端时尚的品牌不宜输出风格过于"接地气"的内容。

此外，内容营销如果是以营销活动的方式开展，运营人员就要围绕营销目标精准定位目标受众，明确重点区域、活动主题和关键指标等内容。制定精准的内容营销策略，应该从以下环节入手，如图15-1所示。

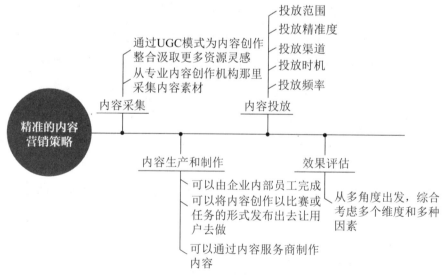

图 15-1　制定精准的内容营销策略的关键

1. 内容采集

内容营销的关键是持续输出优质内容，这需要营销人员有效采集各种内容创作素材。然而，在现有分工模式下，营销人员无法或很少能够接触到企业价值链各环节的鲜活素材，在内容创作中常常陷入缺乏素材和灵感的困境。

内容营销是一个系统性工程，运营人员应该以开放包容的心态从各个环节寻找和收集内容素材与创作灵感，保证优质内容持续输出。例如运营人员可以鼓励用户进行信息反馈、沟通互动以及在品牌营销内容基础上的再创作等行为，通过 UGC 模式为内容创作整合汲取更多资源灵感；也可以从专业内容创作机构（如专家、媒体、内容服务商、其他内容营销文案创作者等）那里采集内容素材，激发创作灵感。

2. 内容生产和制作

内容生产制作过程也是营销创意的落实过程，既可以由企业内部员工完成，寻找有创作才华的成员，给予专业培训与指导，并整合协调人力物力资源推进内容生产顺利落地；也可以将内容创作以比赛或任务的形式发布出去让用户去做，例如举办手工制作大赛、文案比赛、视频征集比赛、海报策划活动等，这种方式不仅可以降低内容生产成本，还能够充分满足用户参与互动的诉求，使营销内容更容易被用户认可和接受。

此外，品牌还可以通过内容服务商制作内容，这种方式能够充分满足用户对内容的个性化需求，保证内容的专业性和质量。需要注意的是，不论哪种生产加工方式都不可能获得"完美"的内容，运营人员的关注重心应更多地放在优质内容输出的稳定性，以及内容加工的故事化、场景化、娱乐化方面。

3. 内容投放

内容投放应该以获得最大曝光传播为目标，全面考虑投放范围、投放精准度、投放渠道、投放时机和频率等因素。例如在投放精准度方面，品牌应考虑目标用户主要集中在哪些渠道和平台，结合分发平台的特质、品牌调性、内容运营策略等制定最佳的内容投放方案。

4. 效果评估

效果评估也是内容营销的重要一环，能够帮助企业了解内容营销是否取得了预期效果，或者出现了哪些偏差和问题，为内容营销策略的优化与完善提供方向。不过，内容营销是一种偏向长期性的营销活动，再加上企业性质和营销战略等方面的差异，很多时候并不能立刻产生明显成效，也不能简单地用内容是否获得了"10万＋"的阅读量等标准来衡量。内容营销效果评估应该从多角度出发，综合考虑多个维度和多种因素。

例如，内容电商对内容营销的效果评估主要是看是否带来了显著的流量变化。如果营销内容是关于品牌的，则应考虑关注度、访问量和互动沟通情况；如果是关于产品的，则应侧重分析是否带来了销售线索量的明显增加，可以通过收集销售线索数、注册数、申请免费使用产品的线索数等数据对这一指标进行考察，分析特定话题或内容的效果，从而确定哪种内容类型最有效。

第六部分
场景营销

第 16 章
智能场景：数字化时代的场景营销

移动互联网时代的场景进化

作为影视领域常用的词汇，"场景"指的是电影或戏剧等艺术作品中的场面。当然，场景这一概念也可以延伸至其他领域，获得不同的解释。例如在产品营销领域，艾伦·库伯（Alan Cooper）在其著作《交互设计精髓 4》中，将场景理解为"用户如何使用产品实现具体目标的故事"；著名产品人梁宁则在其《产品思维 30 讲》将场景划分为代表时间、空间的"场"和代表情景和交互的"景"。

实际上，在传统广告时代，场景营销就已经体现出了独特的价值。移动互联网时代的到来则使得场景营销的内涵更加丰富，场景营销的手段也愈加个性化、多样化。

1. 什么是场景营销？

随着传统营销理论和方法的进化，场景营销的理念应运而生。与传统营销将消费视为物品消费的视角不同，场景营销则将消费视为场景消费。所谓场景营销，指的是借助于生动的文字、图片、语音或视频等描绘一幅能够打动用户的美好景象，让用户自发联想使用该产品能够获得的良好体验，从而产生强烈的购买欲望。也就是说，场景营销就是以用户对产品使用场景的联想而实现的营销。

移动互联网时代，场景化营销凭借其在营销精准性、用户体验丰富性等方面的诸多优势，受到了企业界的一致青睐，而且在大数据、云计算、人工智能、AR/VR 等新一代信息技术的加持下，场景化营销的内涵、玩法等变得更为丰富多元，可以让企业根据消费者当前的时间、地点、天气、心情等进行定制推荐，例如雨天为深夜下班回家的用户推送出租车信息等。

在不同场景中，人们的消费需求存在明显差异，而且不同用户在同一场景中的需求也可能有所不同，所以，场景化营销需要精准到具体个体和场景，强调结合用户特定场景中的个性化需求，为用户推送符合其需求的产品或服务。为此，企业需要对目标用户进行深入分析，在极短的时间内高效率低成本地获知其消费需求，从而通过合适的媒介将相应的产品或服务推送给目标用户。

人们的消费行为往往和场景暗示存在密切关联，例如临近母亲节，某用户想要挑选一件特别的礼物来表达对母亲的感恩，此时在浏览某个视频时看到了主角赠送给母亲礼物的场景，于是通过电商平台、社交媒体或搜索引擎等渠道获取了该礼物的相关信息，最后决定要将其作为母亲节的礼物。这位用户之所以会做出这种决策，显然和视频中主角向母亲赠送礼物的场景暗示存在直接关联。

2. 场景营销案例

下面我们分享一个火锅店的场景化营销案例。炎热的夏季是火锅消费的淡季，某火锅店为了吸引顾客进店消费，决定向顾客赠送优惠券。那么，该火锅店应该如何制定并实施场景化营销方案呢？首先要明确营销目的，该火锅店的目的是找到真正喜欢吃火锅的群体，向其精准推送优惠券，从而刺激他们来店消费。

明确目的后，该火锅店营销人员选择今日头条的数字化广告，利用今日头条的强大智能算法，向浏览火锅信息的用户实时定制推荐，并发放优惠券。可以想象，实施场景化营销，可以明显提高门店的日均营业额。

事实上，今日头条等广告服务商为企业客户提供场景化营销服务，并非简单地根据地理位置、浏览内容等单一维度向用户推送内容，而是将用户年龄、性别、购买力、浏览内容、时间节点、地理位置等信息结合起来，综合考量是否向目标用户推送。而且在智能算法中，各个信息在不同场景中占据的权重有一定的差异。对于火锅消费这种本地化的生活类场景，地理位置、时间节点、浏览内容占据较高的权重。

3. 互联网时代的场景营销路径

新技术及设备的快速发展，使场景化营销对网络内容的依赖大幅度降低，企业可以针对人们日常生活及工作所处的真实线下场景，分析目标用户画像，掌握其个性化需求，从而进行场景化营销内容的定制生产及推送。互联网时代的场景化营销有两大路径，如表 16-1 所示。

表 16-1　互联网时代场景营销的两大路径

路径	具体内容
分析用户网络行为	在互联网时代，输入场景、搜索场景及浏览场景是人们在网络中的三大主流场景。品牌面向目标用户开展场景化营销，通常就是在确保一定用户体验的基础上，从人们输入、搜索及获取信息的行为及场景着手，打造出"兴趣引导＋海量曝光＋入口营销"的网络营销模式，基于用户网络行为制定营销策略
基于数据挖掘用户需求	营销人员对用户的年龄、性别、购买力、时间、位置、搜索历史、浏览记录等信息进行综合考量后，对用户当前所处场景进行精准识别与分析，使推送的营销内容更加契合场景需求，例如在用户订机票场景中，向用户推荐目的地周边的酒店、旅游景点、购物中心等信息

4.移动互联网时代的场景营销

移动互联网时代不仅催生了大量移动智能终端，更改变了消费者的消费需求和消费习惯。从场景营销的角度看，移动互联网时代"场景"的内涵更加丰富，能够连接用户与外界的场景不仅可以划分为室内场景和室外场景、静态场景和动态场景，甚至可以随购物进程的不同划分为不同的场景。

对所有涉及营销的细分场景的挖掘、分析、设计和构建，能够帮助品牌获取更多目标用户并大大提升营销效果，如表16-2所示。

表 16-2　场景处理的两大策略

策略	具体内容
挖掘现有场景	不同性质的产品借助相应的特定场景便能够激发用户的消费需求。因此，找到能够将产品和用户相关联的场景至关重要。对现有场景的挖掘，需要基于对消费者的生活习惯、喜好和需求等内容的精准分析
创造新场景	由于不同产品的用途不同，当需要营销的产品没有现有的场景可供链接时，营销人员就需要基于产品所对应的用户需求痛点创造新的场景。与挖掘现有场景一致，创造新场景的关键也是对消费者需求进行深刻洞察

场景营销的要素与特征

移动互联网的推广普及，使企业可以随时随地向目标用户推送广告，通过智能手机对用户进行实时追踪，将营销内容的受众从大众细分到个体，使得场景化营销更具针对性。

大数据、云计算等技术的发展及应用，使企业可以高效率低成本地快速处理海量数据，更为深入地了解目标用户，把握其心理，分析其潜在需求，指导营销人员生产特定的内容推送给目标用户，在提高用户体验的同时提高营销转化率。此外，在掌握用户需求的前提下，企业可以结合LBS、物联网等技术向目标用户定制推送营销内容。

1. 场景营销的核心要素

场景营销在具体应用过程中应该把握四大核心要素，即场景、数据、算法和体验，如图 16-1 所示。

图 16-1　场景营销的核心要素

（1）场景

进入移动互联网时代后，场景营销之所以大行其道，一个主要原因就是移动互联网应用场景的日益丰富和不断完善。随着用户的使用场景从线下迁移至线上，衍生出了大量的细分场景，而这些场景均有可能激发用户与产品之间的关联。

（2）数据

场景营销涉及的数据既包括场景数据，也包括用户数据。场景数据即与场景相关的信息；而在各个场景之上，用户数据能够体现其习惯、需求以及喜好等个性化特点。企业通过将与用户相关的线上和线下数据进行融合，可以绘制出较为精准的用户画像，为营销活动的开展提供指导。

（3）算法

数据是场景营销的关键要素，这一点毋庸置疑。但数据本身并不能发挥价值，数据信息的挖掘需要依赖高效的方法。场景营销领域应用的算法包括推荐算法、分类算法等。

（4）体验

由于移动互联网时代场景营销所具有的个性化、多样化等特点，使得场景营销体现出了其他营销方式所不具有的高效性，进而也就使得场景营销的内容成为用户移动互联网生活的一部分。但场景营销要实现其价值，就不能忽视用户体验。用户体验与营销效果之间的平衡对企业提出了更高的要求。

2. 场景营销的特征

场景营销的特征主要表现在四个方面，如表 16-3 所示。

表 16-3　场景营销的四大特征

特征	具体表现
互动性	在移动互联产业背景下，由于消费者消费行为的改变以及信息来源更加多元，消费者对于单向的信息传播不再买单，这使得与消费者之间的互动变得更加重要。场景营销的本质是建立品牌与消费者生活的连接，让营销进入真实的环境，因此与消费者有效互动是场景营销的核心要素之一，具有互动性的创意能够使消费者在场景中获得个性化的感受
创造价值	场景营销正是通过走进消费者的生活场景，激发消费者与消费者、消费者与品牌的互动，使品牌通过社交关系网络形成病毒传播，产生持久影响。如何在碎片化的移动互联网时代实时感知、发现、跟踪、响应一个个"人"、倾听他们的声音、理解他们的问题、与他们进行心灵对话、为他们创造价值成为场景营销的又一核心要素
整合传播	商家需要整合的不仅是新媒体和传统媒体，还包括新媒体和新媒体、各种营销手段和资源，以达到用户和营销创意内容的紧密联系。整合的关键不在于资源利用的多少，而在于是否恰到好处地运用了有效资源，是否以最小的成本获取了最大的收益
娱乐性	在娱乐化的氛围中，品牌与消费者更加亲近。通过对消费行为和消费本身的探讨，人们最终需要的不单单是物质的需求，更多的是需要感受到娱乐化的虚拟空间。场景营销正是探讨如何将营销变得更加有趣，如何吸引消费者参与，并让消费者在参与过程中获得乐趣和愉悦感受

三大维度：场景营销的落地路径

移动互联网时代，在充分把握用户需求的基础上，企业可以做到一些此前很难想象到的事情，例如向用户进行定制推荐，在用户没有需求时不干扰用户，一旦用户出现需求可立即为其推荐相应的产品与服务……这正是场景营销给企业带来的优势。智能手机、平板电脑等移动终端，再加上移动互联网、传感器、大数据、云计算、人工智能等新一代信息技术，使场景营销具备了落地的基础。

确保场景营销的精准度与用户体验的关键点是数据。在场景营销中，企业会全面获取用户的搜索、购买、社交、出行等各类数据。同时，通过GPS、传感器等技术分析用户所处场景，在此基础上运用大数据、云计算等技术对海量数据进行高效处理，快速分析出用户在当前场景中的特定需求。那么，在移动场景中，企业如何确保达到预期的营销效果呢？我们可以从三个维度对场景营销的落地路径进行分析，如图16-2所示。

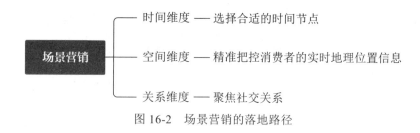

图16-2　场景营销的落地路径

1. 时间维度

时间碎片化已经成为一个不争的事实，消费者可以在任意时间使用智能终端购物、观影、聊天、工作、玩游戏等，此时，摆在企业面前的一个重要课题就是如何选择合适的时间节点向目标用户进行营销推广。

地图导航服务商 Waze 的做法值得我们充分借鉴，Waze 除了为用户提供便捷高效的地图导航服务外，还通过推送定制广告引导人们购物消费，获取各种本地生活化服务。例如当用户外出购物时，Waze 在引导其避开拥堵路段的同时，还会为顾客推送 ATM、商场等设施的地理位置信息；当用户等红绿灯时，还会向其推荐周边的星巴克门店位置等信息。

新加坡图书出版商 Math Paper Press 对人们在乘地铁、公交等碎片化时间的利用，让人眼前一亮。人们乘坐地铁、公交时，普遍喜欢拿出手机阅读资讯，但地铁或公交车中的信号并不稳定，当手机离线时便只能无奈地等待。而 Math Paper Press 利用这一场景，将图书内容及周边书店地理位置信息植入离线页面，当用户手机上出现离线页面时就会看到这些内容，在缓解用户的无聊、烦闷等负面情绪的同时，提高了书店的曝光量。

2. 空间维度

企业在移动场景中进行营销，要注重对消费者实时地理位置信息的精准把控。在智能手机、GPS、传感器、移动互联网等设备与技术的支持下，商家想要获取用户的地理位置信息十分方便快捷。人们使用各种应用程序时，允许后台系统获得地理位置信息后，企业就可以实现对目标用户地理位置的实时追踪。

星巴克为了能够为消费者实时提供咖啡，开发了一款手机应用 Mobile Pour。当用户打开这款 App 并且允许后台系统获得地理位置信息后，便可以根据自身的个性化需求在线下单，通常 15 分钟以内就能收到配送人员送来的咖啡。这种极为人性化的服务能够给用户带来绝佳体验，淡化用户对企业利用自身信息的反感。

3. 关系维度

社交关系是企业开展场景营销时需要重点关注的内容，实践证明，人们在社交媒体中的评论分享会对其他人的消费决策产生关键影响，尤其朋友圈中的口碑传播，更是会让人们忽略价格因素进行冲动消费。

移动互联网时代，人们的购物消费变得十分碎片化、个性化，在任何时间、任何地点都可以拿出智能手机方便快捷地购买自己感兴趣的商品。在这种情况下，基于社交关系对产品及品牌的评论就扮演了更为关键的角色，好友的一句"这款产品我用过，非常不错"，要比企业花费高额成本进行营销推广有效得多。

当然，企业想要让消费者主动在朋友圈对自身的产品及品牌进行营销推广，除了创作出好玩有趣的营销内容外，更要充分保障产品与服务质量，让体验过企业产品及服务的用户认识到产品具有较高价值，只有这样他们才愿意主动将其分享给自己的亲朋好友。

场景营销如何提高转化率？

企业在打造营销场景的过程中，要把握好时间与地点，在恰当的时机、场所为消费者提供符合其需求的信息，促使他们做出消费决策。其中，企业能否把握消费者的需求将对场景应用效果产生直接影响。

企业只有迅速挖掘出消费者的内在需求才能促成交易。线下零售商要想提高业绩，就要抓住最佳时机销售产品。如果企业错失良机，就可能在激烈的市场竞争中处于劣势。因此，企业一旦发现消费者产生购物需求或购物冲动时，一定要把握时机，为其提供相应的产品，实现用户转化。

在移动互联网时代，用户获取信息的渠道越来越多，品牌与用户之间的互动关系也呈现出新的特点。用户可以通过网络渠道搜寻信息、购买商品，当身边越来越多的用户从移动服务中受益时，他们也会对相关服务产生强烈的消费需求。在移动互联网技术的支持下，企业能够缩短与消费者的距离，与其展开深度互动。在智能手机普遍应用的今天，用户可以通过移动终端实现连接并从中获益。在日常运营过程中，企业要激发用户的兴趣，促使他们主动联系企业，在满足其需求的同时推动自身发展。因此，身处移动互联网时代的企业必须改革传统的营销模式，实施精准化营销。

例如，目前许多企业采取基于 LBS 的个性化场景营销策略。在这种营销模式中，营销者能够掌握更多主动权。利用智能手机中的定位技术，营销人员能够对消费者的地理位置进行准确定位，还可以结合时间因素有针对性地为消费者提供信息，提高营销的针对性。

地理位置是消费者在决策过程中需要重点考虑的一项因素，利用智能手机，用户能够了解当下所处的具体环境，如位于某个餐馆附近，然后考虑自己是否会到餐馆就餐。在这方面，百事推出一款苹果手机应用程序，用户安装该程序后，能够随时随地获悉自己周边的百事售卖点，为用户购买其产品提供便利。该程序不仅实现了用户与百事售卖点之间的连接，还能与用户在线上平台开展互动，满足用户的体验需求。

在消费时，用户可以通过手机获取相关信息并与企业进行沟通，即便双方互动产生问题也能够及时化解。企业借助移动智能终端能够提高与消费者进行互动的能力，体现自身的竞争优势。在传统互联网时代，用户只能接受企业发布的信息；在移动互联网时代，用户获取信息的方式发生了很大的变化。为此，企业应该对传统的策略模式进行调整，因为无论通过哪种渠道消费，用户都需要与企业互动。

实体零售门店可借助移动互联网开辟发展道路。消费者在店内浏览商品时，一般希望及时获取产品的相关信息。在这种情况下，企业需要把握时机开展实时营销，实地为消费者提供信息服务，帮助消费者下定决心购买自己的产品，从而将他们的需求转化为实际的购买行为，场景营销提高转化率的关键如图 16-3 所示。

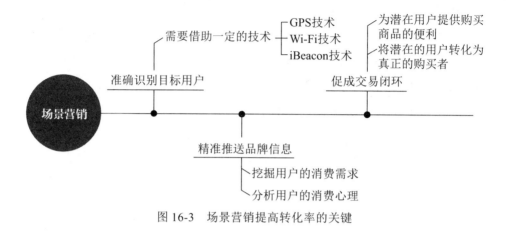

图 16-3　场景营销提高转化率的关键

1. 准确识别目标用户

在场景营销中，场景直接决定了目标用户的选择。而企业想要准确识别目标用户，则需要借助一定的技术。当营销范围不同时，需要借助的技术也具有一定的差别：

● 如果场景营销面向的区域比较大，就需要使用 GPS 技术；

● 如果场景营销面向的范围比较小（比如一个购物中心、一家餐厅等），就需要使用 Wi-Fi 等技术；

● 如果营销活动需要与用户的活动轨迹关联，还可能需要使用 iBeacon 等技术。

2. 精准推送品牌信息

基于不同的场景准确识别目标用户是场景营销的首要步骤，这一步是场景营销的流量来源。但企业要保证场景营销的效果，还需要深入洞察用户的需求，并在此基础上向用户精准推送品牌信息。因此，企业想要连接用户与产品，必须充分挖掘用户的消费需求、分析用户的消费心理。

3. 促成交易闭环

在场景营销的过程中，交易闭环的达成需要将潜在的用户转化为真正的购买者。根据罗伯特·劳特朋（Robert Lauterborn）教授提出的 4C（Customer、Cost、Convenience、Communication）营销理论，为了实现这一转化，商家需要基于对潜在用户消费需求的分析为其提供购买商品的便利，从而激发潜在用户的购买行为。

第 17 章
场景运营："体验 + 连接 + 社群"法则

移动互联网重新定义场景

场景营销凭借较强的感染力、容易激发消费冲动等优势已经成为营销从业者广泛使用的营销手段。事实上，在互联网时代，很多企业尤其是旅游景点在进行营销推广时，就热衷于使用场景营销。而进入移动互联网时代后，场景营销的玩法又发生了新的变化。

随着智能手机、平板电脑等移动终端不断普及，企业可以非常方便地为目标群体搭建多元化的场景。场景成为一个吸引消费者关注的重要媒介，能够带给消费者极致的体验，引发传统商业逻辑的颠覆式变革。

移动互联网使交易主动权回归用户，满足用户需求成为企业获取价值的关键所在，用户也是企业打造场景的关键所在。场景是通过人与人之间的信任关系传递信息。目前，社交媒体成为人们获取信息的主流渠道，和企业推送的广告信息相比，人们更喜欢在社交平台搜集用户评论、咨询好友建议。在这种背景下，对产品或品牌有较高忠实度的个体就成为企业营销推广的有效渠道。

在用户主导的商业社会中，产品及服务和以前相比有了很大不同。在传统工业时代，商家生产什么商品、提供何种服务基本都是固定的，消费者只能被动接受。而如今，产品及服务上线后，会根据用户需求不断地进行优化和调整。

　　能否构建新场景成为企业赢得目标群体认可并获取商业价值的关键。场景基于人们的饮食、观影、交友、玩游戏等各种活动展开。具体来看，移动互联网技术分别从体验、连接及社群三大维度重新定义了场景，如表 17-1 所示。

表 17-1　移动互联网重新定义场景的三大维度

维度	具体表现
体验	在移动互联网时代，体验成为影响用户做出购买决策的关键因素。尽管我国电商已经形成规模庞大的市场，但仍有很多人喜欢在实体店购物，就是因为实体店在产品及服务体验方面的优势。正是因为体验的重要性，才会有越来越多的电商企业开始布局线下，发展线上与线下相结合的新零售。场景亦是如此，缺乏体验的场景很难打动用户，更不用说提高产品销量或品牌影响力
连接	移动互联网的强大连接能力使场景能够从更多角度影响消费决策。通过接入移动互联网的智能终端，场景完成了从静态到动态的转型升级，其信息容量及体验感得到极大提升。各种细分领域的 App 创造出多元化的场景，给创业者及企业提供了广阔的想象空间
社群	场景促使有共同兴趣爱好的个体及组织聚合起来，成为一个庞大的社群，并形成某种特定的社群文化，使个体及组织在商业活动中的话语权得到极大提升

体验：基于顾客价值的营销法则

　　在开展体验营销的过程中，企业应该掌握消费者的情感与精神需求，面向不同类型的产品采用差异化的营销方案。例如针对竞争门槛较低的产品，企业应该将概念营销和体验营销相结合；针对竞争门槛较高且目标群体缺乏足够了解的新品，企业可以通过让消费者免费试用快速打开市场；针对有较高知名度的产品，企业可以用认同感、归属感等情感体验赢得用户认可；针对服务类产品，企业可以通过定制场景让消费者获得前所未有的极致体验。

　　顾客体验是顾客在一个完整的消费过程中获得的一系列感受。要想让顾客产生良好的消费体验，营销人员就要对营销活动的各个细节进行精心设计，树立以顾客为导向的体验营销观念，全面把控营销细节。以顾客为导向的营销强调企业从用户需求出发，通过体验营销为顾客创造价值，引导用户积极进行交流分享，在提高顾客满意度的同时达到预期的营销目标。

战略规划决定了企业的长期发展方向，体验营销是企业战略体系的一个重要组成部分。企业需要对体验营销战略的制定给予高度关注，通过体验营销的时间持续化与空间系统化来实现体验营销的立体化。例如在时间维度，企业不仅要确保体验营销的单次体验，更要追求体验的长期稳定性，通过同主题的系列体验营销活动强化用户感知，确保达到预期的营销效果。

移动互联网、物联网、人工智能等新一代信息技术的快速发展，为企业开展体验营销奠定了坚实基础。借助智能手机、可穿戴设备等硬件设备，辅之以 AR/VR 等技术打造的软件系统，企业能够让消费者获得前所未有的极致体验，在消费者心中留下深刻印象。网络化的体验营销也将打破时间与空间的限制，持续刺激并引导消费需求，带给企业更高的利润回报。

另外，企业通过实施组合营销策略可以利用多个触点提高用户体验，例如：

● 在品牌方面，企业可以提炼品牌文化内涵与价值主张，在满足顾客心理需求的同时提高产品的溢价能力；

● 在价格制定方面，企业可以让消费者参与到价格制定中来，在确保盈利的前提下，为消费者提供符合其心理预期的价格区间；

● 在销售方面，企业可以通过为用户提供新品免费试用、参观企业总部等奖励，吸引用户向朋友圈内的好友推荐。

虽然消费者在体验营销活动中获得的是一个整体体验，但每个环节都会对整体体验产生影响。为了确保最终的营销效果，企业要从用户需求心理出发了解用户需求、设计营销方案。具体来看，体验营销的实施步骤包括五步，如图 17-1 所示。

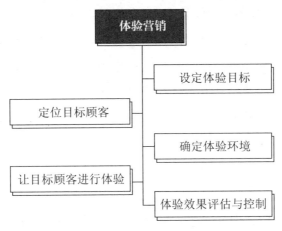

图 17-1　体验营销的实施步骤

（1）设定体验目标

在策划体验活动之前，企业要从整体对体验活动进行规划，确定体验营销要实现的目标、为目标群体创造的价值、产生的营销效果等。只有在正确目标的指引下，后续工作才能顺利开展。

（2）定位目标顾客

目标顾客定位的精准性直接决定了体验营销能否取得预期效果。在当前的消费背景下，消费者的购物消费愈发个性化，如果不能精准定位目标群体，很难为其带来良好的体验，更无法促使其主动进行口碑传播。

在传统工业时代，企业经常通过发布调查问卷或直接根据产品开发人员的经验定位目标顾客群体。进入移动互联网时代之后，自媒体的崛起以及各类垂直 App 应用的大量涌现，让商家能够更加精准地获取用户数据，对目标顾客进行精准定位。在实践中，企业要积极借助新技术与新工具提高顾客定位的精准性，确保企业向顾客群体精准地推送营销内容。

（3）确定体验环境

体验环境会对体验效果产生关键影响，在不同的环境下，消费者会对同样的营销内容产生不同的感受。为了确保达到预期的体验目标，企业需要思考消费者处于何种体验环境，并结合这种体验环境制定营销方案。

（4）让目标顾客进行体验

目标顾客体验的不仅是产品，还包括服务，在这个过程中，营销人员的耐心讲解、真诚沟通等都会发挥关键作用。当然，有些体验营销活动是将产品通过快递送到顾客家中，让其自己体验，此时，企业可以为顾客提供详细的产品使用说明，甚至可以拍摄使用流程短视频，以便用户更好地体验产品。

（5）体验效果评估与控制

体验效果评估与控制是体验营销活动中非常重要的环节。由于用户体验的复杂性，体验营销活动刚实施时可能会存在一些问题，为了及时解决这些问题，企业要进行体验效果评估与控制，不断地对体验营销活动进行优化调整，达到促进转化、实现口碑传播的营销目标。此外，在实施体验营销的过程中，营销人员还要注意以下四点，如表17-2所示。

表 17-2　体验营销的四大注意事项

序号	注意事项
1	真正做到以用户为中心，围绕用户需求开展体验营销
2	让营销内容和营销目标保持一致，控制营销内容的规模及体验环节的复杂程度，优化目标顾客体验
3	制定备用方案，遇到突发状况及时启动备用方案
4	控制营销成本，不能因为营销活动影响企业的正常运营

连接：建立与消费者的沟通桥梁

进入移动互联网时代，消费者的购物行为也发生了变化，不仅购物渠道与以往有所不同，购物需求也大大提升。相较于对物质需求和产品功能需求的追逐，消费者愈来愈重视精神需求的满足以及购物体验的提升。因此，企业在开展营销活动时应该建立与消费者沟通的桥梁，如图17-2所示，有效提高场景营销的效果。

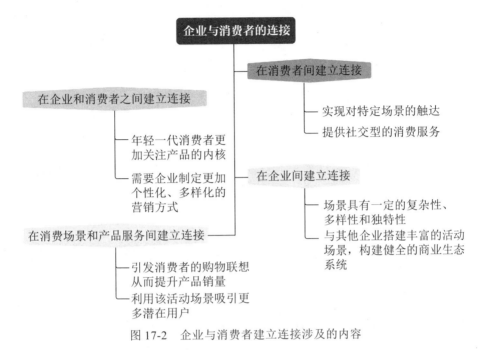

图 17-2　企业与消费者建立连接涉及的内容

1. 在消费者间建立连接

场景营销的本质就是企业围绕用户可能接触的场景开展营销活动，从而激发用户的购买欲望达到营销效果。在场景营销的过程中，企业需要介入用户已有的活动场景，或者为其创造新的活动场景，以实现对特定场景的触达。

在移动互联网和社交网络等技术的推动下，商业社会迎来了巨大变革。微信、抖音、小红书等一批具有强社交属性的平台吸引了越来越多用户的关注。为了迎合用户的社交需要，企业应该致力于在消费者之间建立连接，提供社交型的消费服务，以增强用户黏性，提高产品的服务水平，提升用户口碑。

2. 在企业和消费者之间建立连接

场景营销是企业整体营销战略的重要组成部分，其最终目的是让潜在用户成为真正的购买者，这就需要企业在品牌与消费者之间建立连接。

与以往的消费群体不同的是，随着互联网发展成长起来的年轻一代消费者更加关注产品的内核，更期待与品牌建立较强的连接，更看重购买商品过程中获得的服务体验。随着这部分人群逐渐成为消费的主力，企业应该在营销过程中针对这部分人群的需要制定更加个性化、多样化的营销方式。

例如国内知名的移动互联网公司小米，之所以能够成为互联网品牌营销的标杆，一个重要原因就在于其能够让用户参与到产品经营过程中，能够与用户建立强连接。因此，在数字化时代，企业在设计场景营销方案时也应该围绕用户的活动场景展开，加强自身与用户的关联。

3. 在企业间建立连接

作为场景营销的一个核心要素，场景具有一定的复杂性、多样性和独特性。对于单一的企业而言，仅依靠自身的实力难以满足消费者的需求。为了更加精准地获取目标用户，企业应该发挥自身的资源优势，与其他企业搭建丰富的活动场景，构建健全的商业生态系统。在企业彼此连接的生态系统中，多家企业合作搭建的平台战略能够为企业的场景营销提供更好的支持。

从用户的角度看，由于用户的需求是多元化的，生态系统中参与的企业越多便越能够满足用户的社交需求；从企业的角度看，单一企业的资源是有限的，生态系统越完善越能够提供更加多元的场景，更有利于企业营销效果的提升。

4. 在消费场景和产品服务间建立连接

基于现代营销理念，企业的产品与其所提供的服务实质上都是企业与消费者建立连接的载体。消费者选择某品牌的产品，也就意味着其选择了这个品牌所传递的理念和价值，消费者通过购买产品以及获得服务而获得相应的满足感。但在这一营销理念的指导下，企业应该在消费场景和产品服务之间建立连接，不能仅仅把营销视作售卖产品。

在场景营销中，营销的商品需要与消费者的活动场景具有较强的关联度，而在该产品服务与消费者的活动场景间建立连接便十分有必要。一方面，产品作为活动场景的构成要素，场景营销的目的便是引发消费者的购物联想从而提升产品销量；另一方面，当活动场景是企业挖掘的新的活动场景时，企业可以利用该活动场景吸引更多潜在用户。

与其他的现代营销方式相比，由于场景营销更关注企业的产品服务与用户之间的互动，所以可以取得更加理想的营销效果。通过在消费者之间建立连接、在企业和消费者之间建立连接、在企业之间建立连接以及在消费场景和产品服务间建立连接，场景营销可以实现包括目标用户、企业等在内的良好互动，带给用户全新的购物体验。从另一层面来看，当用户获得良好的体验后，便具有更强的意愿对体验进行传播，从而实现二次传播，进一步提高营销效果。

社群：实现场景转化的利器

在场景时代，社群运营是产品运营的关键所在，小米、星巴克等企业都对社群给予了高度重视，并借此建立了强大的核心竞争力。从实践来看，企业要想做好社群运营，最关键的是要重视以下三点，如图 17-3 所示。

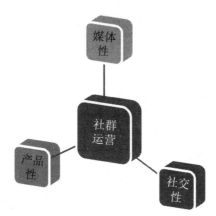

图 17-3　社群运营的三大关键

1. 媒体性

社群应该是基于企业倡导的某种文化、价值理念等组建起来的，否则对企业价值的获取毫无帮助。社群运营人员要围绕这种文化或价值理念创造相应内容，让社群成员参与讨论并传播，发挥社群的媒体性，久而久之就可以让用户对这种文化或价值理念产生认同，从而对企业产品及品牌产生较高的忠诚度。

社群在运营过程中要长期创造出高质量的内容是一件颇为困难的事情，但为了保持社群成员对文化或价值理念的关注度，必须做到这一点。当然，部分忠实用户会主动创造内容，社群运营人员可以尝试举办比赛，并提供丰厚奖品，鼓励更多用户参与到内容的生产及传播中来。

2. 社交性

社群是基于人际关系建立起来的，所以，社交性始终是社群的一大特征。社群成员之间互动交流的频率与质量对社群运营结果有着直接影响。社群运营人员要尽可能地让社群成员之间进行密切交流，为获取商业价值提供更广阔的想象空间。如果社群一味地在谈论产品及品牌，很容易让人产生抵触心理，很快走向消亡。

需要注意的是，社群运营并不一定要局限在微信、微博这种主流的平台中。因为企业的目标用户群体存在一定的差异，其用户使用的主流社交工具可能是贴吧、论坛、小红书等，所以，企业要根据目标用户群体的特性选择合适的平台。

这就牵扯到了如何对社群成员进行精准定位的问题。部分企业是独立为用户提供产品及服务，而多数企业则是与第三方合作共同为用户提供服务。在社会化大生产的背景下，越来越多的企业选择将自身的非核心业务外包给第三方服务商。对于与第三方合作共同为用户服务的企业，例如提供供需对接服务的平台型企业，社群成员不仅要包括用户，还要包括服务供应者，这样才能建立一个完整的社群商业生态。

当然，企业想要让社群成员之间建立密切连接，需要同时考虑服务者内部、用户内部及服务者和用户之间的连接。评论、分享、线上线下活动等是社群成员之间建立连接的有效方式。

3. 产品性

企业打造的社群本身就是某种产品，通过这种产品，企业社群能够真正落地，使社群的媒体性和社交性得到充分体现。这种产品包括具体的物品、线下活动场所，例如服装、咖啡厅等，还包括虚拟的公众号、App 应用等数字产品。

如果是服装这种具体的产品，可以在产品上装饰文化标签，形成文化衫。如果是咖啡厅这种线下活动场所，则具有更为广阔的想象空间。例如很多咖啡厅被打造成为某种人群的聚集地，和俱乐部或私人会所十分类似，其成员可能都是创业者，也可能是旅游爱好者等。

如果是公众号或 App 应用这种虚拟物品，可以利用移动互联网来整合需求，并在场景中加入一些场景元素，例如专注于母婴领域的 App 可以为用户提供宝宝成长记录服务，在丰富平台内容的同时，也为用户之间的交流互动提供更多话题。

在场景时代，丰富多元的场景组成了人们的日常生活，每一个营销人员都要有场景思维，从体验、连接、社群三大维度重新定义场景，结合目标群体的实际需求积极开展场景营销，在激烈的市场竞争中为企业打造核心竞争力，推动企业不断发展壮大。

第 18 章
场景 O2O：构建一站式生活解决方案

数据感知：O2O 场景的关键点

场景化 O2O 实现的核心就是场景感知，它要求商家在对消费者需求进行深入洞察后，将生活场景中的商业价值挖掘出来，通过将线上、线下的消费行为连接在一起，为消费者提供能满足其需求的产品与服务。

1. 大数据是场景化的基础

大数据技术的充分利用是场景化 O2O 的基础。大数据充分利用指的是商家要借助大数据技术，对用户所处场景进行有效感知，对其需求与喜好进行深入挖掘，将线下消费场景与线上互联网行为相结合，构建精准有效的解决方案。在这方面，新加坡旅游局构建的与优惠券有关的场景化 O2O 做出了很好的示范。

新加坡旅游局发现中国游客前往新加坡旅游的目的地主要是风景秀丽、拥有特色美食之地，消费者欣赏风景、享受美食，却没有强烈的购物冲动。针对这个问题，新加坡旅游局与当地的商铺合作，为游客提供特别的折扣优惠，以激发游客的购物动机，刺激游客消费。

以场景洞察为基础，新加坡旅游局推出了一款H5小游戏，一边激发消费者购物需求；一边提醒消费者可以在线上查看商品、领取优惠券，然后通过手机端购物。通过将线上获知优惠信息、线下购物的O2O链条打通，将优惠前置，新加坡旅游局对游客的购物决策产生了一定的影响。

2. 场景化的"结构"是接触点

O2O模式的价值在于消费者与商家能实现便捷、实时连接，意思就是，商家的服务范围能根据消费者的位置变化有针对性地进行延伸。这表明，商家要全面构建与消费者的接触点，利用一切机会将自己的产品与服务传播给消费者。从理论上来讲，这里的"接触点"应从时间与空间两个维度覆盖消费者生活。

例如，分众从空间维度出发对接触点进行延伸，覆盖了写字楼、电影院、住宅楼等生活路径，打造了一个"生活圈"媒体。阿里巴巴则是从时间维度对接触点进行延伸，涵盖了选购、支付、物流配送等多个环节。上市之后，阿里巴巴为了更广泛地覆盖消费者的生活圈，仍在不断完善其生态圈。

另外，出于对消费者时空立体化接触点的考虑，商家还要面向生活中的各个细节对商业价值进行挖掘。对于传统商业来说，流量是核心竞争力；对于场景化O2O来说，接触点是核心竞争力。

从本质上看，O2O模式就是让商品与消费者可以更好地建立连接，也就是将营业范围进一步拓展，为购物、搜索、交易、发现等行为的实时发生提供可能。这里需要注意的是，随着移动互联网的迅猛发展与LBS要素的持续引入，这种场景驱动型的搜索与发现还有很大的发展空间。根据这种思路，从理论上来讲，无论消费者处在何种场景，都能与周边的商品、服务建立连接，进行交互。并且，在这种交互与连接建立之后，如果再加上分类信息、搜索比价、查找与对比等功能，就能让用户在特定场景中的消费体验得以有效提升。

在现实生活中，人们一直处在工作学习、吃喝玩乐、休闲度假、交通奔波等各种场景中，从本质上看，人们的生活圈就是场景圈。所以，企业想要在新一轮市场竞争中获胜，必须对场景圈的入口进行精准定位，对消费者生活场景中的大数据进行有效掌握，将其与消费场景相结合，推动场景化 O2O 有效实现。

O2O 广告场景营销实战攻略

企业想要借助场景营销提高产品销量或打造强有力的品牌，需要对其背后的营销逻辑，尤其是场景广告的构建进行深入了解。具体来看，广告信息的场景化构建流程包括：综合体验的进入场景、移动程序化场景营销、O2O 的场景连接模式以及服务场景构建四大步骤。下面对该流程进行详细分析，如图 18-1 所示。

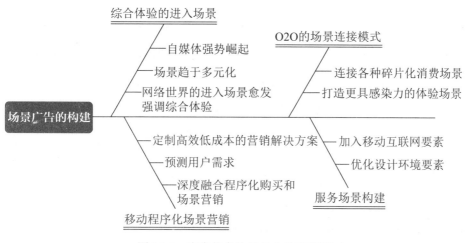

图 18-1　广告信息的场景化构建流程

1. 综合体验的进入场景

入口场景向来是互联网领域企业间争夺的核心战略资源。在传统互联网时代，最早的入口场景是四大门户网站（新浪、搜狐、腾讯、网易），人们是先注意到信息，有阅读兴趣后继续阅读，然后被内容影响产生购物欲望，最终产生购买行为，该阶段适用于 AIDMA 营销法则 ❶。

之后百度、谷歌等搜索引擎快速崛起，人们能够在互联网中搜索自己感兴趣的信息，如果消费者购买的产品给其带来了良好体验，他们会在网络上进行传播分享，从而影响其他消费者的购买决策，该阶段适用于 AISAS 营销法则 ❷。

而进入场景营销时代后，自媒体强势崛起，物联网、虚拟现实、人工智能等新一代信息技术不断突破，促使网络世界的进入场景愈发强调综合体验。媒体的内涵与形式得到了极大丰富，进入场景变得更加多元，人们获取信息的方式更加丰富，再加上进入场景综合体验的明显提升，这更容易引发用户共鸣，刺激更多的冲动消费。

2. 移动程序化场景营销

程序化场景营销实现了程序化购买和场景营销的深度融合，通过二者的优势互补，可以降低营销成本，将营销内容高效精准地传播给目标群体，而不是像传统媒体时代一般，只能进行广撒网式的传播推广。

在移动程序化场景营销活动中，广告商将根据目标群体在移动终端浏览的个性化内容，结合时间、位置、用户行为等因素对用户需求进行预测。

---

❶ AIDMA 营销法则：具体包括 A（Attention，引起注意）、I（Interest，产生兴趣）、D（Desire，培养欲望）、M（Memory，形成记忆）、A（Action，促成行动），是指在消费者从看到广告到发生购物行为之间动态式地引导其心理过程并将其顺序模式化的一种法则。

❷ AISAS 营销法则：具体包括 A（Attention，引起注意）、I（Interest，产生兴趣）、S（Search，进行搜索）、A（Action，促成行动）、S（Share，人人分享），是由电通公司针对互联网与无线应用时代消费者生活形态的变化而提出的一种全新的消费者行为分析模型。

同时，广告商将为其定制高效低成本的营销解决方案，让用户在一种全新的营销场景中获取有价值的营销内容，在提升用户体验的同时实现用户、广告主、广告商之间的多方共赢。

3. O2O 场景连接模式

用营销内容唤醒用户特定场景下的消费需求，是场景营销的核心目标。如何通过互联网平台强大的连接能力，将线上与线下深度融合，打造更具感染力的体验场景，是广大营销从业者亟须解决的重点问题。

在移动互联网时代，消费需求变得移动化、碎片化，人们的注意力过度分散，O2O 式的场景营销为企业提供了一种连接各种碎片化消费场景的有效方式，能够用极具体验感的营销活动吸引用户关注，并促成购买。

近几年，在旅游景区相当火热的电子导游讲解器便是一种典型的 O2O 场景连接模式。电子导游讲解器基于智能感应设备，可以将互联网中的文化知识、历史故事和旅游景区的商品陈列充分融合，让游客体会景区的文化内涵，学习大量的人文知识与历史知识，获得更加丰富的旅游体验，充分提高旅游资源的利用率，降低旅游景区的运营成本。

4. 服务场景构建

营销人员想要通过构建服务场景为消费者带来极致体验，必须对服务场所内的环境要素（设计要素、社会要素及氛围要素等）进行优化设计，强化服务的体验感与参与感，在无形中影响目标消费群体的消费决策。

当然，营销人员在打造移动服务营销场景时，还需要加入移动互联网要素，例如让消费者在场景中接入 Wi-Fi，方便快捷地进行二维码扫描、下单、支付等，在降低用户购物的时间成本的同时，还将有效提升企业的盈利能力。

美团：基于O2O场景的广告营销

美团致力于打造一个涵盖出行、餐饮、酒店、旅行、娱乐等多种场景的本地生活服务平台，让广大商户可以和用户高效对接，从而满足消费者日益多元化、个性化的消费需求。

根据美团发布的2021年第四季度及全年业绩显示，截至2021年12月31日，美团交易用户数为6.9亿，比上年同期的5.1亿增长35.2%。美团活跃商家数量达880万，比上年同期的680万增长29%。庞大的用户量为商户提供了重大发展机遇。商户通过新奇、有趣的展示方式在美团平台进行营销推广，可以获得极高的曝光量，并吸引用户进店消费。更关键的是，商户可以在美团平台对营销活动的开展效果进行评估，根据评估结果对营销策略进行优化，最终实现营销效果最大化。

在平台运维过程中，美团掌握了大量用户消费、评论、浏览数据，通过对这些数据进行挖掘和分析，可以找到用户在特定场景内的消费需求，从而在合适的时间向处于特定场景中的用户推送广告。实践证明，对于这种符合自身需求的营销内容，用户不但不反感，还乐于接受，并对平台产生正面印象。

和硬性推广的传统广告相比，美团和商家联合开展O2O场景营销具有明显优势，这种优势在移动化、本地化、场景化、多样化等多个维度中都有所体现。

1. 移动化

近年来，移动通信技术的快速发展使智能手机等移动设备在人们生活与工作中扮演的角色愈发关键，大众已经习惯了通过手机获取资讯、聊天交友、购物消费、游戏娱乐。早在移动互联网发展初期，美团便充分认识到了这一趋势，持续强化自身的移动服务能力。

在移动化方面，O2O场景营销具有即时性、精准性、互动性的特点。智能手机体积小、易携带，以其为媒介进行营销推广，可以即时向用户推送消息。商家可以利用用户手机中的传感器和定位功能获取用户位置信息，筛选合适用户，提高推送的精准性。手机的丰富功能则为广告互动形式创新带来了诸多便利，商家可以通过用户乐于接受的形式推送信息，从而优化用户体验，提高营销转化。

2. 本地化

O2O场景营销支持商家向其服务范围内的本地用户推送信息，减少资源浪费。虽然淘宝、天猫、京东等电商平台可以将商家的服装、文具、图书等各种商品推送给全国各地的消费者，但并非所有商品都适合跨区域销售，例如美食、美容、家政等这类商品的服务对象主要是本地消费者。

例如，美团可以将五道口的火锅店商家推送给附近的消费者，从而提升交易的成功率。事实上，美团技术团队在对大量交易进行分析后发现，用户和商户的距离在3公里以内的交易占比超过90%。所以，美团在帮助商家向本地用户推广方面投入了大量资源，当然，这种做法也帮助美团沉淀了数百万商户。

3. 场景化

主流的移动消费场景包括时间、空间、环境、消费者、移动设备等多种要素。在PC互联网时代，商家识别用户主要利用Cookies数据，但Cookies数据容易被清除，而且一台电脑的使用者不是固定的，这给用户数据的精准搜集造成了较大阻碍。

而在移动互联网时代，一台手机的使用对象往往是固定的，通过对用户在手机中的行为进行追踪、记录与分析，可以让商家获得精准的用户画像。在此基础上，商家可以掌握用户需求、消费习惯、消费心理，在特定场景中向用户推送个性化的内容和商品，实现千人千面的定制推荐，例如在阳光明媚的周六下午，向一个近期经常加班到深夜的白领推荐美容服务等。

4. 多样性

本地化生活服务涵盖的业务类型非常广泛，而且不同业务的特性存在一定的差异。美团只有提供多元化的营销方式和玩法才能满足不同商户的个性化需求，而 O2O 场景营销恰好可以解决这一问题。

在为商家提供 O2O 场景营销服务时，美团充分结合不同商家的业务特性调整营销方式和玩法，例如婚纱摄影服务对距离限制较小，用户更加注重拍摄效果和体验，美团在向目标用户推送时，会将推送范围扩大至整个城市的适龄用户，并通过图文内容展示拍摄效果和用户评论。

社区 O2O：社区新零售的实现路径

新冠疫情期间，社区商业快速崛起，以社区为中心的"一公里"商业圈逐渐形成，并展现出巨大的市场价值，吸引了广泛关注，其中最受关注的当属社区 O2O。从本质上看，社区 O2O 就是社区商业的互联网化，利用互联网对社区周边的传统商业与服务体系进行整合，对各项资源进行优化配置，使社区的商业价值得以充分释放。

基于这一优势，各行各业都在尝试与社区 O2O 相结合。但因为社区 O2O 出现的时间比较短，发展模式尚未成熟，所以优化现有的社区体系，构建成熟的社区 O2O 模式成为当务之急。下面我们对社区 O2O 已经形成的四种模式进行具体分析。

1. 移动社交 O2O 团购模式

移动社交 O2O 团购是在几个临近社区之间，以邻里关系网为基础，以拼团的方式开展的一种社区营销。团购发起者首先通过微信、QQ 等平台创建社群，然后利用社区居民日常感兴趣的话题将其引入社群，收集居民的需求，并与周围的商家对接，以人数优势获得优惠价格，完成团购。

这种商业模式有很多优点：对于消费者来说，他们可以通过社群进行沟通交流，获得自己需要的信息，享受购物优惠以及便捷的社区服务；对于经营者来说，初期不需要投入太多资金，短期内就可以获得一定的收益，还可以快速积累一批种子用户，为后期的营销推广奠定良好的基础。

对于线上实体商家来说，他们可以通过微信群与社区居民直接沟通，了解社区居民的产品需求，获得社区居民对产品的真实反馈，从而精准地筛选商品，优化店内的商品结构，有选择性地进货，实现"即进即销"，既可以保证生鲜产品的新鲜度，又可以减少商品库存，减轻自身的资金压力。另外，社群居民线下提货时可能会顺带购买其他商品，为线下实体商家带来额外收益。

缺点在于这种模式非常容易被复制，社群后期运营维护成本比较高，受众群体的转化率比较低，不容易持续。

2. 商超便利社区O2O模式

商超便利社区O2O模式是利用互联网将社区周围的便利店与商超接入O2O电商平台，支持社区居民线上选购商品，并享受送货上门服务的一种新型社区购物模式。初期，在众多商家的探索下，商超便利社区O2O模式形成了三种不同的运营模式，具体分析如下。

● 模式一：线上商城与线下便利店同步运营，致力于将线下小规模的便利店打造成线上大卖场；

● 模式二：发挥社区便利店与商超的供应链优势，主营生鲜产品，致力于成为生鲜配送中心；

● 模式三：线上网站与线下大卖场相结合，整合线上线下的各种资源，实现电商"零库存"运营。

随着时间不断推移，上述三种模式不断演变，最终都向着综合化的方向发展，致力于打造商超便利社区 O2O 综合性平台，形成生态闭环。

商超便利社区 O2O 模式是很多线下便利店、连锁超市、大卖场从线下向线上转型经常选择的一种模式，因为这种模式可以将他们的口碑优势、庞大的受众群体优势、供应链优势以及拥有实体销售场所等优势充分发挥出来，为转型奠定良好的基础。

3. 生活服务社区 O2O 垂直模式

生活服务社区 O2O 垂直模式以社区为中心，对社区周边主营各种服务的商家进行分类，根据社区居民的需求有针对性地进行筛选，将符合条件的商家引入线上平台，为社区居民提供线上预约在家享受上门服务，或者线上购买到店享受服务等垂直式服务。一般来说，这类生活服务主要包括家政、餐饮、美容美甲等多种服务类型，服务地点由客户指定。

生活服务社区 O2O 垂直模式主要适用于服务业，通过构建综合性的线上生活平台，对社区周边的生活服务类资源进行整合，满足社区居民对这类产品的多元化需求，优点在于消费场景比较灵活，支持消费者选择在家消费或者到店消费，缺点是这类需求比较少，平台可能难以持续。

4. 物业服务社区 O2O 平台

物业服务社区 O2O 平台是物业公司主导构建的平台，前期主要为社区居民提供缴纳物业费、维修预约等物业服务，为社区居民提供一个与物业公司直接沟通交流的平台，后期会对社区周边的商家进行筛选，引入一些优质商家，满足社区居民线上逛超市、线上点餐、线上预约家政服务等需求，打造一个多功能、一体化的服务平台。

物业服务社区 O2O 平台模式的应用范围具有很大的局限性，只适用于物业公司，利用社区居民对物业及相关物业服务的刚性需求完成平台构建，然后再接入商家，虽然可以快速积累大批用户，但对主营业务有很多限制，无法很好地满足社区居民多元化的日常需求。

第七部分
碎片化营销

第 19 章
营销碎片化：注意力经济时代的来临

碎片化营销的"聚"模式

在移动互联网时代，碎片化、垂直细分化成为市场的重要特征，这在为用户提供更多消费选择、充分满足用户消费诉求的同时，也大大增加了企业的营销难度。

市场的碎片化导致用户注意力的碎片化，这意味着企业越来越难以独占用户注意力。由此，如何将碎片化的用户注意力聚集起来、有效吸引用户目光，成为碎片化时代企业营销的重要议题，如图 19-1 所示。

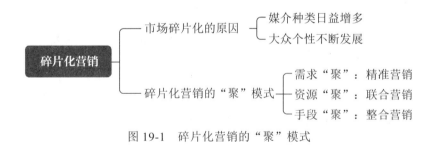

图 19-1　碎片化营销的"聚"模式

1. 导致市场碎片化的原因

在移动互联网时代，市场呈现出碎片化趋势的原因主要包括以下两点。

（1）媒介种类日益增多

随着新媒体时代的到来，以往少数几个媒介"一统天下"的局面不再延续，各种创新的媒体形式不断涌现并拥有特定的受众人群，导致大众传媒市场被不断分解为一个个碎片化的细分市场，形成巨大的"长尾"。

（2）大众个性不断发展

随着互联网不断发展成熟，信息不透明、不对称等现象得到根本改变，大幅降低了消费者的信息成本。在新媒体时代，各类自媒体的不断涌现和广泛普及，既加快了消费者"自我消费"意识的觉醒，也为大众发出自己的声音、表达自我个性提供了有力的平台支撑。由此，市场需求越来越多元，市场越来越细分，呈现出明显的碎片化趋势。

从营销角度看，市场的碎片化和过度细分必然会增加广告宣传成本，因为企业需要面向每一个细分领域推送广告。因此，营销人员要高度重视并理解市场的"碎片化"趋势，积极探索从"分"到"聚"的方法和路径。

"分"是从社会大众总体中分出具有个性特征的小族群，明确目标消费群体；"聚"则是借助新媒体平台渠道和传播手段，将具有共同价值观、兴趣爱好、生活模式与文化特征的分散个体组织聚合起来，以最小的成本获得最大的营销效果。从"分众"到"聚众"成为碎片化时代的营销方向。

2. 碎片营销的"聚"模式

大致来看，碎片化营销的"聚"可以从以下三个角度切入实现。

（1）需求"聚"：精准营销

精准营销中的"精准"指的是精确、精密、可衡量，强调的是要进行准确的目标市场选择和市场定位。不论商业市场和消费需求如何变化，一个成功的产品或品牌必然是与消费者密切相关、能够满足消费者需求的，这就需要企业精准定位用户需求，将分散的需求"聚"起来实现精准营销。

例如，奔驰汽车曾开展过一个"消费者洞察"的活动，邀请中国 100

名车主前往斯图加特公司总部进行深入交流。在公司管理层、设计师和工程专家都在场的情况下，让这些车主对下一代S级车型的初步设计进行评价打分，他们的意见会被郑重对待和讨论。同时，这些车主不只是奔驰用户，也有宝马、奥迪的用户。

通过这种方式，奔驰公司实现了对中国车主消费需求和消费心理的精准定位，从而能够以合适的方式、在合适的时机将合适的汽车产品推送给用户。

（2）资源"聚"：联合营销

联合营销是两个或多个企业基于各自拥有的关键资源，在彼此目标市场有一定区分的情况下，组成战略联盟进行资源互换，开展联合营销活动，构建整体竞争优势，从而获得更多利益。

在碎片化时代，单独某个企业很难完全满足消费者多元化、多层次的细分需求。在这种情况下，企业如果能够"抱团取暖"，寻找没有利益冲突的非业内合作伙伴进行联合营销，协同不同品类的产品或品牌满足目标消费群体的多层次需求，可以有效地拓展消费者的品牌联想空间，获取协同效应和竞争优势。

（3）手段"聚"：整合营销

整合营销就是将广告、销售促进、人员推广等各种独立的营销工具和手段系统化地整合为一个整体，并根据具体环境和需求进行即时性的动态修正，形成协同效应，实现交换双方的价值增值。

比较有代表性的案例是膨化休闲食品品牌妙脆角。在竞争白热化的休闲食品市场中，妙脆角通过对线上线下各类平台资源的有效整合，改变了沿用多年的线下单纯买赠的促销方式，借助新的促销手段激发年轻消费者的关注和兴趣，引起广泛共鸣，实现了更多的产品销售。

具体来看，妙脆角通过全面深入的调研分析，了解到目标消费者年轻群体青睐互联网、智能手机、即时通信等沟通互动方式，喜欢网络游戏。

基于目标受众的这一特质，妙脆角将游戏道具作为奖励，消费者购买产品会获赠一张游戏道具券，借此吸引众多热爱网游的年轻消费者购买自己的产品，既实现了销售增长，也大幅提高了品牌的知名度。

同时，妙脆角在产品包装、地推以及其他宣传活动中，也大量使用游戏中的人物形象，从而大大增加了年轻消费者对产品的好感。妙脆角"聚"多种手段实施的整合营销活动，有效迎合了90后、00后年轻用户追求个性和娱乐性的消费心理，赢得了这些年轻消费者的认可和青睐，从而获得巨大的品牌价值增值。

在碎片化时代，面对个性化、多元化、多层次的消费需求，精准营销、联合营销和整合营销为企业解决营销痛点、获取更大的营销价值提供了有效的方案和路径：精准营销让企业明确靶子，联合营销帮助企业高效地瞄准靶子，整合营销则让企业能够准确击中靶心。

互动化：重塑用户沟通场景

在碎片化时代，用户的很多行为是跨时间、跨地点、跨屏幕的，用户的注意力呈现出明显的碎片化特征。在这种情况下，品牌很难在特定场景下给用户留下深刻印象。因此，多数品牌都在积极吸引用户的注意力，一些品牌甚至借助争议性事件开展营销。虽然这种做法能够得到用户关注，但不利于企业树立良好的品牌形象，所以不建议采用。

品牌方应该在了解用户相关信息的基础上营造他们喜欢的场景，与用户开展良好的互动。只有在这样的场景下，用户对品牌的认识才能与企业的期待保持一致，运营人员也才能够在此基础上实现用户转化。现阶段，互动营销是企业的理想选择，在社会化媒体高速发展及互动技术普遍应用的今天，互动营销的价值越来越突出。

以互动营销的场景及技术应用为标准，互动营销可以划分为多屏互动、线下定位互动、HTML5（构建 Web 内容的一种语言描述方式）互动、AR/VR 互动几种类型，如图 19-2 所示。

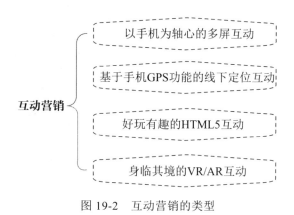

图 19-2　互动营销的类型

1. 以手机为轴心的多屏互动

在互联网及移动互联网时代，品牌商在遵循相关技术协议的基础上，可以运用多屏互动技术，以手机为轴心，将电脑屏、电视屏、手机屏运营结合起来实现多屏互动，以串联方式为用户提供场景化的体验，共同抢夺用户的注意力，具体方式如表 19-1 所示。

表 19-1　多屏互动的两种方式

实现方式	具体内容
手机与电视之间的双屏互动	品牌方可以打造相应的互动场景，让用户通过手机扫码等方式参与到电视节目中，具体参与方式如抢红包、优惠券、发送弹幕等，通过手机屏与电视屏共同吸引用户关注，以无缝对接的场景提升用户的品牌体验
手机与电脑之间的双屏互动	手机的使用场景与电脑之间存在很多交集，相较于电脑，手机的移动性更强，能够弥补电脑在这方面的不足，但手机的屏幕比较小，视觉体验效果不如电脑，两者结合则能够给用户提供多样化的选择，满足用户多方面的体验需求

2. 基于手机 GPS 功能的线下定位互动

国外企业经常在广告方案中运用 GPS 技术。具体而言，企业会打通自身产品或品牌与用户手机上的定位系统，实现品牌与用户之间的互动，并为用户提供创意十足的线下场景体验。

例如奔驰为 CLA 汽车产品做宣传时，运用 GPS 技术与用户进行线下互动。参与该活动的玩家会被品牌定位识别，玩家需要进行躲藏，活动运营方则会根据 GPS 显示的位置对用户实施"抓捕"。活动结束后，躲藏成功的用户会获得奔驰的奖品——CLA 汽车。该品牌运用 GPS 技术实现了与用户之间的线下互动，有效提高了用户的参与度，给用户留下了深刻印象。

3. 好玩有趣的 HTML5 互动

近两年，HTML5 成为诸多品牌商追捧的对象。因为 HTML5 能够融入完整的情节，互动性较强，可以通过打造特定场景让用户参与其中，而且能够满足用户的社交需求，所以很多企业都开始利用 HTML5 与用户互动。

具体来看，借助 HTML5 与用户互动的方式有以下两种，如表 19-2 所示。

表 19-2　借助 HTML5 与用户互动的两种方式

互动方式	具体内容
借助社交平台开展 HTML5 游戏互动	HTML5 游戏最初就是在微信平台走红的，朋友圈经常出现品牌方推出的 HTML5 游戏，这是企业为聚焦流量、提高关注度、推广品牌而推出的营销活动。要达到营销目的，企业就要打造特定的游戏场景，融入完整的故事情节，让用户深度参与其中，从而提高用户对企业品牌的感知度，为企业的市场拓展打下基础
在线下运用 HTML5 重组场景	人们的日常生活中包含许多场景，具体如展会、地铁、公交站等，HTML5 的运用能够增加这些场景的吸引力，让人们通过移动终端参与到场景中，满足他们的体验需求

4. 身临其境的 VR/AR 互动

近年来，VR 与 AR 技术在越来越多的领域得到应用。品牌方运用 VR 技术，能够为用户打造逼真的虚拟世界，让用户体验在现实中无法体验的场景；运用 AR 技术，品牌能够将虚拟物体与现实世界融为一体。运用先进的技术手段，品牌方能够满足用户的体验需求，并为其源源不断地制造惊喜，增强与用户之间的联系，在情感层面与用户展开互动。在这方面，宜家运用 AR 技术让用户体验良好的家居环境，在此基础上产生消费需求。

先进技术的应用有助于品牌方开展营销活动，在用户注意力愈加分散的今天，企业可以运用技术手段为用户打造富有创意的场景，为品牌与用户之间的良好互动创造良好的环境，通过这种方式拉近品牌与用户之间的距离。而且，随着移动互联网的高速发展与普遍应用，可供品牌方应用的先进技术会越来越多，企业应该抓住难得的发展机遇。

情感化：提升粉丝的忠诚度

随着碎片化成为时代潮流和主旋律，用户时间、消费场景、媒介和渠道等都变得愈发碎片化。在流量成本不断攀升的局面下，企业必须做好客户关系维护，尽可能地留住现有用户。

企业要专注于垂直细分领域的用户，为小众用户提供优质产品与服务，确保其对企业保持较高的忠诚度，支持企业长期生存并不断发展壮大。随着消费需求愈发个性化、差异化，同质化、标准化的商品很难赢得用户认可，而企业的时间与精力相对有限，对接某一小众群体为之提供可以充分满足其需求的优质商品，成为企业维持长期生存的必然选择。

企业服务小众群体，能够有效降低用户流失率，提高客户体验，促使用户主动帮助企业进行传播分享，这种基于信任关系的口碑传播要比企业的硬性推广有效得多。而且有了一群忠实粉丝后，企业可以通过开发具有更高溢价能力的产品及服务来获取更高的利润回报。

"汉堡王"曾经进行的一次粉丝试验充分证明了这一点。在试验中，汉堡王向参与对象推送了"如果你取消关注汉堡王，将获得一个免费的麦当劳汉堡"的信息，结果关注人数从将近 4 万人降低至 2000 人，而留下的这 2000 人大部分是汉堡王的忠实粉丝，无论麦当劳、肯德基等竞争对手推出怎样的营销活动，都不会动摇他们。

而且这些忠实粉丝会在社交媒体中主动帮助企业进行口碑传播，就像小米初创时积累的 100 个种子用户一般，这些种子用户不仅自己购买小米手机，还向身边的亲人、朋友、同事等积极推荐。即便已经过去了几年的时间，小米仍然和这些种子用户保持着朋友一般的关系。在小米发布 MIUI6 系统时，小米 MIUI 负责人将这些种子用户邀请到了发布会现场，并且在发布会中亲自向他们表示感谢。

过去，企业的产品尤其强调功能、材质、性价比、实用性、耐用性等基本属性，不会考虑消费者的情感需求。进入移动互联网时代后，人们的购买力大幅提升，对生存、安全之外的情感、尊重、自我实现等需求集中爆发，企业必须在产品及品牌中融入情感，在进行营销推广时也要用情感打动消费者。

传播渠道的去中心化、碎片化，使电视、报纸、广播等传统媒体的影响力被大幅度削弱，微信、微博等新媒体实现快速崛起，但由于新媒体强调自由、开放，消费者可以根据自己的个性化需求选择感兴趣的内容，导致企业的引流难度及引流成本不断增加。

从盈利的角度看，企业花费高额成本成功引流后，还必须通过有效手段刺激用户购买，而大部分企业采用的手段是降价促销。在物质匮乏的传统工业时代，降价促销有相当大的诱惑力，但随着生活水平不断提升，消费者对价格的敏感度不断下降，降价促销策略变得不再适用。反之，人们对服务的重视程度不断增长，优质服务可以让用户获得极致体验，这种体验会进一步促进企业和用户的情感交互，使双方建立良好的信任关系。

以前，在质量差别不大的情况下，绝大多数人会购买价格更低的产品，目前，这种情况已经发生了极大的改变。海底捞就是典型代表，海底捞火锅的食材、口感等可能并不比其他商家更为优良，而且价格明显比很多竞争对手要高，但它将服务做到了极致，人们愿意为这种极致服务支付更高的成本，这也是情感营销所带来的优势。

企业开展情感营销的过程中，营销人员需要明白的是：情感是个性化的、难以被复制的，一旦让消费者对企业的产品或品牌产生某种情感，很容易和竞争对手实现差异化竞争；情感的建立不是一蹴而就的，需要经过长期的刺激，逐渐培养；做好情感维护同样非常关键，在人们注意力被过度分散的局面下，如果企业不能做好情感维护，会导致用户逐渐流失。

因此，企业开展情感营销切忌急功近利，短时间内沉淀一批忠实粉丝几乎是不可能的事情。在营销内容之外，企业还需要做好产品与服务，通过对某一垂直领域的精耕细作，逐渐赢得消费者的认可与信任，而不是大打价格战来吸引用户。虽然低价可以为企业吸引一批对价格敏感的消费者，但他们不是真正的粉丝，一旦企业丧失价格优势，他们便会迅速流失。

人格化：赋予品牌人性的温度

在注意力经济时代，品牌作为提高企业产品辨识度的有效工具，对产品销量将会产生直接影响。随着信息传播渠道垄断被打破，品牌建设最关键的不是企业想要打造什么样的品牌，而是消费者认为你是什么样的品牌。人们对品牌的评论要比企业的硬性推广有更高的影响力。当某个企业的产品或服务出现问题，并被用户在网络上曝光后，如果企业不能给出合理解释，甚至百般抵赖、不承认错误，随之而来的舆论风暴对企业将会是一场灾难。

企业想要获得成功，需要深刻把握用户心理，善于利用人们内心深处的情感塑造人格化品牌。企业塑造人格化品牌必须遵守以下三项基本原则，如图 19-3 所示。

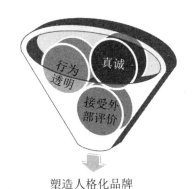

塑造人格化品牌

图 19-3　塑造人格化品牌的三项基本原则

1. 真诚

在科技快速发展的当下，真诚是企业难能可贵的品质。越来越多的企业对自身的产品进行美化包装，用技术、文字游戏等手段掩盖产品的劣势，无限放大产品的优势，让消费者对产品产生了过高的期望，真正购买后又产生巨大的失望，这种强烈的反差导致消费者对企业产生严重的负面印象，对企业的长期稳定发展造成不良影响。

而保持真诚的企业不仅更容易赢得消费者的信任，而且合理利用这种弱点还能吸引更多关注，就像甲壳虫在营销推广时大方地向消费者表示，甲壳虫车型确实娇小，空间有限，但其操作便捷、油耗低、停车方便，这种真诚的营销内容自然更容易打动消费者。

2. 行为透明

在企业构建人格化品牌的过程中，行为透明更有利于赢得消费者的信任，尤其是在社交媒体上以短视频的形式适当地公布一些原材料采购、产品生产等过程信息，往往会产生良好的传播效果。

3. 接受外部评价

在社交媒体中，企业永远无法阻止人们谈论其产品及品牌，即便投入大量资源删帖、刷屏，也无法阻止信息的传播。面对褒贬不一的评价，企业能做的就是积极应对，主动接受外部的评级和评价。

在自媒体时代，没有哪家企业可以忽视网络评论的影响，人们在网络中关于产品及品牌的评论分享，将会给其他人的消费决策带来关键影响，这促使企业要更加贴近消费者，争取与之建立良好的信任关系。而人格化品牌能够让企业和用户建立情感连接，让用户产生信任感、归属感，让其在社交媒体上留下更积极的产品及品牌评论，帮助企业进行口碑传播。

第 20 章
塑造口碑：让品牌像病毒一样疯传

引爆传播：口碑营销的主要优势

随着市场经济不断发展，人们的知识水平不断提升、消费经验不断增加，消费者越来越理性，为了规避直接购买产品所产生的风险，在做出购买决策之前，消费者经常会获得更多与产品有关的信息，而其他人对产品的评价就是口碑。

营销组织或人员利用社会渠道或专家渠道开展促销活动就是口碑营销，其中专家渠道指的是通过某领域的专业人士对目标消费群体开展与产品有关的讲座，帮消费者做出购买决策，引导消费者购买产品。社会渠道指的是通过邻居、亲朋好友、同事等传播信息的渠道。

作为一种全新的市场营销策略，口碑营销与传统的价格策略、渠道策略、促销策略别无二致，都是面向具体的市场采取的创新策略。目前，现代企业的营销方式正在从传统营销向口碑营销转变，所以对于企业来说，明确口碑营销的实现路径，选择合理的口碑营销策略最为关键。

口碑对企业或品牌来说十分重要，能对消费者的购买决策与购买行为产生决定性影响。与广告等传统的营销手段不同，口碑营销的成本更低、效率更高。如果企业能合理利用口碑，就能取得事半功倍的效果。相较于广告营销、人员推销等传统的推广营销来说，口碑营销具有以下特点和优势，如图 20-1 所示。

图 20-1　口碑营销的特点和优势

1. 成本低

因为口碑营销是消费者以口口相传的方式主动地、自发地传播信息，企业无须支付或者只需要支付很少的营销费用就能获得"病毒式"的传播效果，所以口碑营销有"零号媒介"之称。

相较于营销费用逐年增加的广告营销、人员推销、营业推广等传统营销方式来说，口碑营销可以有效降低企业的营销成本，增强顾客的忠诚度以获得巨大的利益，在这两方面的共同作用下，企业可以获得双重营销效果。所以，口碑营销称得上是成本最低的营销传播方式。

2. 可信度高

在消费者看来，商家向其销售产品的目的就是为了获利，无论产品品质多么优质、服务多么完善，都是为了从他们身上赚取利润，所以，消费者内心深处会对企业产生一定的抵触心理，即便企业投入大量资源，将营销方案做到极致，在传播到目标群体时效果也会变弱。

而口碑传播则是将用户作为传播载体与媒介，让用户主动向其他用户传播推广，不掺杂任何商业利益及商业目的，削弱了人们对营销内容的抵触心理，确保能够达成预期的营销效果。尤其是在选购个性化的产品及服务时，消费者更加依赖口碑传播的信息，经常以其为依据做出购买决策。

3.传播范围广

传统口碑营销的信息传播机制主要是"口口相传"，通过一传十、十传百产生几何级数效应或者乘数效应，让产品信息实现大范围传播，将产品打造成家喻户晓、妇孺皆知的爆品。现如今，随着互联网及移动互联网不断发展，口碑营销可以利用微博、微信、论坛、抖音、小红书等互联网平台传播信息，信息传播范围进一步扩大、传播速度进一步加快、影响力变得更大。

与大众传播不同，口碑营销借助人机信息传播机制传播信息，更具亲和力、说服力和感染力，所产生的营销效果更好。消费者在购买一件产品、一项服务之后感觉不错，就希望将自己的这种体验分享给亲朋好友以获得他人认同。在这种情况下，信息传播极具针对性，更容易吸引潜在消费者注意，刺激潜在消费者购买产品。

核心要素：口碑营销 STEPPS 法则

口碑营销的核心要素包括社交货币（Social Currency）、促因（Trigger）、情绪（Emotion）、公共性（Public）、实用价值（Practical Value）、故事（Story），简称"STEPPS"法则，如图 20-2 所示。为了保证口碑营销的效果，企业在实施口碑营销的过程中必须遵循这个法则。

图 20-2　口碑营销 STEPPS 法则

1. S：社交货币（Social Currency）

目前，社交货币在 B2C、B2B 行业应用较为普遍。在这里，我们需要从营销层面对社交货币进行梳理与分析。

货币是市场贸易的工具，消费者可以通过货币获得商品或服务。而通过社交货币，商家或者个人可以获得他人对自己的认识与评价。在现实生活中，很多人会利用符号标志对自己进行身份定位，例如背 LV 的包、穿香奈儿的衣服、购买兰博基尼的跑车等。又例如，一个人在聚会中讲了一个令人捧腹大笑的故事，会被人认为是一个风趣幽默的人；一个人就当下的热点新闻发表观点，会被人认为是一个关注时事、心系社会的人。

由此可见，社交货币的表现形式多种多样。如果企业的产品、服务或者理念得到用户的认可，给用户留下了良好的印象，这样的产品或者理念就会以社交货币的姿态活跃在市场上，成为人们口口相传的内容，进而促进品牌传播与推广。

从总体来看，企业的业务可以分为两部分：现有业务与新业务，现有业务在企业中的占比往往比较高，老顾客推荐已经成为企业业务量增加的重要因素。也就是说，老客户是企业利益的重要来源和推动者。因而，对于企业来说，如何将老客户转化为传播者，通过他们推动自身发展，是需要重点关注的问题。

企业怎样才能生成社交货币，让消费者主动进行宣传呢？这一问题的解决可以从三个方面入手：提高产品或服务的吸引力，利用游戏杠杆提高用户体验，给用户提供归属感。

● 为了提高产品或服务的吸引力，企业要给消费者制造惊喜，打破定式思维，向市场输出与众不同的产品或者服务，用悖论理论制造热点话题。举一个简单的例子：文件粉碎机的广告通常不会吸引大批受众围观，但如果将特别的物品以具有创意的方式放在粉碎机中粉碎，并以视频的方式录制下来上传到网络平台，很可能在短时间内得到大范围传播，引起人们的热烈讨论。

● "游戏杠杆"的应用有助于提升用户体验。例如，淘宝平台根据用户的消费额确定用户的 VIP 等级，为不同等级的 VIP 用户提供相应的超值服务；航空公司以旅客的飞行距离为标准将其划分为不同的等级，为其提供不同等级的服务等。消费者可以通过企业提供的这些增值服务来彰显自己与众不同的地位，获得更加优质的体验。

● 归属感的打造就是让用户成为"自己人"，通过推出定制化产品或服务提升用户的体验和归属感，促进用户主动进行产品推广，形成口碑效应，提高品牌的知名度与影响力。

2. T：促因（Trigger）

企业想要提高营销效果，只考虑如何让消费者认可自己的产品远远不够，还要思考如何让消费者随时想到自己。在某些情况下，虽然企业的产品能够得到消费者的青睐，却无法让消费者在产生需求时想到自己，导致营销效果十分有限。因此，为了让消费者产生需求后立即联想到自己，企业需要采取一些有效策略抢占消费者心智，例如通过诱因设计引发消费者对品牌的联想。

诱因能够提醒人们想起某一产品及其对应的品牌，同时促进产品信息的有效传播。企业确立诱因时要注意两个方面：创建联系，注重环境设计。一方面，企业要找到产品与诱因之间的连接点；另一方面，企业要尽量选择发生频率较高的因素，因为诱因的出现频率能够直接作用于企业的营销环节。

3. E：情绪（Emotion）

企业可以利用情感因素实现口碑传播，换言之，就是激发消费者的情感共鸣。

企业的营销人员可以通过激发人们的情绪促使人们自发地进行产品推广。比如，激发人们的乐观等正面情绪能够促使人们主动进行信息传播。目前，健康和教育类内容是大众分享最多的内容；有关美食的内容也容易得到人们的分享与传播。

4. P：公共性（Public）

大多数人具有从众心理，这就导致受欢迎的产品会得到更多消费者的青睐。因此，企业要突出产品与品牌特色，才能吸引消费者的目光，进而促进产品销售。考虑到这种集群效应，企业想要实现产品或服务的大范围传播，就必须保证产品及品牌信息的有效触达，成功引起目标消费者的注意，完成产品销售，促使人们自发宣传。

举例来说，有些慈善机构经常在城市街头、广场等公共场合组织募捐活动，工作人员会在活动参与者的胳膊上系一条色彩明亮的丝带，或者向他们赠送印有活动标语的手提袋，这样一来，活动信息就会得到更大范围的传播。另外，用户在使用 QQ 音乐、网易云等音乐软件分享歌曲时，链接左下角都会注明歌曲来源，这种方式也能够提高应用信息的公共性，促进其传播。

5. P：实用价值（Practical Value）

实用价值能够有效促进产品或者服务推广，这里的实用价值包括能够帮用户解决问题，能够带给用户快乐，能够让用户更健康等。与前几项原则相比，实用价值的落实难度更低一些，无论什么类型的产品或者服务，都能通过一定的方式体现其价值。对于企业而言，最重要的是通过营销让产品得到人们的认可。

以降价营销为例，通过采取降价策略，企业能够有效地提高产品对消费者的吸引力。因为消费者通常不会忽视产品降价的幅度，所以为了保证营销效果，企业要用合理的方式将降价幅度表现出来。一般情况下，企业在表示产品的价格时应该遵循一定的原则。

举例来说，一件售价 50 元的商品降价 10 元销售，可以用"降价20%"作为宣传语；但如果一件售价 5000 元的商品降价 1000 元，企业仍然使用这种宣传语可能会适得其反，相比之下，企业用"降价 1000 元"来表示活动力度更能刺激消费者的购买冲动。

6. S：故事（Story）

一直以来，故事就是一种有效的传播方式，相较于其他形式的内容，故事可以使抽象的寓意和事件具象化，给人们留下深刻印象。故事的叙事性能够让人物或者事件更加形象，例如孔融让梨这类故事本身就具有社交货币的特质。与直白的广告相比，人们更容易接受故事，所以，企业不妨将产品信息融入故事进行传播。

例如，赛百味的一则广告就是以故事的形式呈现：某消费者以赛百味三明治为主食，最终达到了减肥目的。赛百味通过一则励志故事向广大受

223

众展示了赛百味食品的优势，让消费者知道赛百味三明治严格控制脂肪含量，而且口味多元，可以放心购买。

KOL 传播：发挥意见引领的力量

随着新常态下市场营销竞争日益白热化，各个企业均面临着诸多有形或无形的营销瓶颈，以往大范围广告推广或大量业务人员直接拜访推荐的营销方式，不仅需要投入大量人力物力，而且最终的营销效果也在不断下降。

在以消费者为中心的体验经济时代，企业如果能够精准把握消费者心理，通过有效的互动吸引用户参与到产品营销过程中来，让参与互动体验的用户去影响、引导其他用户，就可以借助用户间的口碑营销突破营销壁垒，获得更好的营销效益。

口碑营销是一种消费者与企业共创品牌的营销模式，充分满足了用户参与互动、获得心理情感体验等更高层次的价值诉求。同时，用户推荐分享的信息比企业推送的产品信息更容易获得其他消费者的认可和信任，可以更好地实现营销目标。因此，口碑营销日益成为企业获取和留存用户、实现营销创新升级的重要方式。

在每一个群体中，总会有一些人比其他人有着更大的影响力和号召力，他们承担着 KOL 的角色，一言一行都能引起其他成员的效仿和跟随。从口碑营销的角度看，KOL 的消费选择与决策会影响其他成员的产品和品牌选择，应该成为企业客户运营维护的主要对象。当 KOL 认可了产品和品牌，其他群成员出于对 KOL 的高度信任会跟随他们做出同样的选择与决策，为企业创造更大的口碑营销效益。

对于口碑营销而言，KOL 最重要的价值是更容易获得消费者的认同和信任。同时，凭借自身的影响力和号召力，KOL 可以对产品或品牌营销带来投射、联想、放大和倍增强化等效应，即对营销传播效果做乘法。围绕 KOL 开展口碑营销的做法在营养保健品和美容化妆行业比较常见，比较典型的方式是让公司营业代表或获得专业培训的忠实用户走入社区成为 KOL，然后通过培训、活动交流等方式实现产品或品牌的口碑传播。

当前，在包括科技产业在内的众多领域，KOL 对口碑营销的重要价值愈发凸显。特别是在一些高端市场，KOL 可以凭借自身建立起的口碑、地位、身份、影响力等影响周边人的消费观念、选择或决策，引导消费者认同、认可和接受某个产品或品牌。因此，很多企业开展业务时，前期都会对核心用户或者大客户进行重点营销，获得这些用户的认可和青睐，然后再通过这些核心客户以点带面地去影响其他客户的选择。

网络虚拟世界的匿名性特质更容易让人们出现从众、模仿、跟风行为，因此互联网社区营销的关键是明确核心用户，以他们为核心开展营销活动。这些 KOL 可能是微博大 V、知名自媒体人、社区活跃分子、具有某种专业特长或有很强人际关系能力的人。普通用户大都比较信任 KOL，愿意跟随他们的引导、听从他们的建议做出消费选择和决策。

在社群经济时代，很多用户都会基于共同的需求、兴趣或背景等组织起来形成社群。在围绕共同话题进行交流沟通的过程中，某些社群成员会脱颖而出获得其他成员的认可和信任。从营销传播角度看，这意味着企业只要影响了 KOL 一个人，就等于影响了认可和信任该 KOL 的一群人。

因此，企业在开展口碑营销时，应该首先寻找目标客户群体中的 KOL 并进行重点运营维护，让他们对产品和品牌形成好感与信任，通过 KOL 影响其他客户，获得更大的口碑营销效益。例如，企业在针对电脑产品开展口碑营销时，可以邀请在普通消费者中具有一定影响力和信服力的电脑专业人员进行试用体验，让他们担任产品信息传播扩散的主体，借助他们的专业性、权威性和影响力增强消费者对产品的认可与信任。

推荐机制：引爆用户自传播效应

企业为了获得更多利润，必须吸引足够多的用户。除了自然流量外，用户向家人、同事、朋友推荐也是重要的流量来源。更重要的是，基于社交圈内人与人之间的信任关系，用户主动推荐的营销成本比较低，而转化率比较高。此外，熟人推荐也有助于维持现有用户的忠实度，因为为了维护自身认知和决策的正确，向他人推荐产品及品牌后，人们会更加信任产品及品牌。

目前，传统媒体的影响力越来越弱，微信、微博等新媒体的红利日渐消失，获客成本不断攀升，为了达成预期的营销效果，企业必须积极开展口碑营销。在实践过程中，用户主动帮助企业推荐产品与品牌的驱动力主要有以下四种，如图20-3所示。

图 20-3　用户主动进行品牌传播的四大驱动力

1. 口碑驱动

当产品或服务拥有较高的质量时，为了让社交圈内的人也能享受到这种产品及服务，人们便会主动推广。例如，在日常生活中，当人们在某家餐饮店品尝到美味的食物时，会十分积极地通过社交平台进行宣传，让自己的亲朋好友知晓。

想要让用户获得足够的口碑驱动力，企业必须在产品及服务方面投入大量时间与精力，确保用户能够获得良好的使用体验。

2. 精神驱动

人们在精神驱动下进行口碑传播，不是因为自身需求得到了满足，而是产品所表达的内涵激发了其情感共鸣。近几年，人们之所以会产生"情怀泛滥"的感觉，一方面是因为企业只说不做，情怀在产品及服务中得不到体现；另一方面则是因为同质化情怀过多，企业发现了情怀的价值，纷纷开始讲情怀。

即便如此，情怀对企业的口碑营销也非常关键。海底捞、三只松鼠等品牌的快速崛起，不是因为它们的产品质量、性价比多么出众，而是因为它们使得消费者的情感与精神需求得到了满足。

3. 利益刺激

与其他方式相比，利益刺激是引发用户推荐最有效、最直接的方式。因此，企业开展口碑营销活动时，可以对介绍、推荐其他人使用产品或服务的用户进行物质或精神上的奖励，深度激发他们参与分享推荐的热情，获得更大的口碑营销效益。

例如，很多企业在微博平台进行粉丝营销时，都会通过有奖转发、评论抽奖、粉丝开奖等多种激励手段吸引用户参与到营销活动中，让粉丝成为营销内容传播扩散的主力，以获得更好的营销传播效果。

4. 从众心理

虽然如今人们都强调个性化、差异化，但为了避免被边缘化，仍会做出从众行为。无论线下实体门店，还是线上网店，哪里流量多，人们就倾向于去哪里。企业开展 KOL 营销，就是利用人们的从众心理开展营销，因为在很多人看来，明星大 V 使用的东西质量一定很好，很容易跟随他们的步伐购买相同的产品或服务。

需要注意的是，在实施口碑营销的过程中，部分企业认为为消费者提供优质的商品与服务形成良好的口碑，促使消费者向身边的朋友、同事推荐就是口碑营销。其实，确保产品质量与服务体验，仅是做好口碑营销的基础，后续还需要投入大量的时间与精力。

作为一种主流的营销手段，口碑营销也涉及很多营销知识与技巧。但在开展口碑营销的过程中，很多企业过于专注技巧，甚至通过恶意炒作来吸引外界关注，不仅未能达到预期效果，反而在消费者心目中留下诸多负面印象。

对于企业来说，口碑营销应该成为一种需要长期实施的营销战略。在竞争手段愈发多元化、海外品牌争相进军中国市场的背景下，国内企业更需要积极地借助口碑营销来提高产品销量与品牌影响力，在激烈的市场竞争中成功突围。